Si el Señor no Edifica la Casa

Descubriendo la Futilidad del Trabajo Afanoso: Reflexiones Sobre el Salmo 127:1-2

F. Wayne Mac Leod

Light To My Path Book Distribution

Sydney Mines, Nova Scotia, CANADA

Tabla de Contenidos

Capítulo 1:
Introducción

En este estudio me gustaría dedicar tiempo a reflexionar en el Salmo 127:1-2:

Si el Señor no edifica la casa, en vano trabajan los que la edifican; si el Señor no guarda la ciudad, en vano vela la guardia. Es en vano que os levantéis de madrugada, que os acostéis tarde, que comáis el pan de afanosa labor, pues Él da a su amado aun mientras duerme. (Salmo 127:1-2, LBLA)

Existen razones personales para este estudio. Yo lucho con la ansiedad y necesito recordarme a mí mismo las verdades que se declaran en estos versículos. En estos últimos años el Señor también me ha estado enseñando que Él tiene un propósito en todo lo que hace, y que solamente lo que Él hace perdurará. Estoy aprendiendo a esperar a que Él obre y a confiar más en lo que hace. Además, el Señor me ha estado enseñando la vital importancia que tiene experimentar Su dirección en el ministerio que me ha dado. Es mi oración que mis reflexiones sobre este pasaje (aunque sean por razones personales) también sean de bendición para usted.

El Salmo 127 se presenta como un "Cántico de ascenso gradual" (LBLA). Ha habido debate sobre el significado de este título.

Muchos eruditos creen que el título indica que estos salmos fueron cantados por adoradores mientras ascendían camino a Jerusalén para asistir a las tres fiestas que se celebraban en el año. (Dt.16:16)

Otros piensan que los levitas los cantaban cuando ascendían los quince escalones para ministrar en el Templo en Jerusalén. (http://en.wikipedia.org/wiki/Song_of_Ascent)

Aunque la definición exacta de la frase "Cántico de ascenso gradual" está confusa, parece ser que este era un salmo escrito para personas que venían a adorar al Señor. El cántico de ascenso gradual era un llamado a adorar, y proporcionaba la ocasión para que los adoradores alabaran al Señor.

El Salmo 127, como cántico de ascenso gradual, habla de nuestra necesidad del Señor y de Su disposición de venir a nuestra ayuda en momentos de necesidad. Nos recuerda que podemos descansar en la maravillosa seguridad que Él provee, y también nos recuerda la manera en que Él nos bendice ricamente. Esto es motivo de adoración y alabanza.

Hay un segundo detalle que se menciona en la introducción de este salmo. Este es un cántico escrito por Salomón. Conocer al autor del salmo nos ayuda a tener una mejor perspectiva de su significado, y provee el contexto de su composición. Tomemos un momento para analizar algunos detalles de la vida de Salomón.

Cuando Salomón comienza el salmo, él habla sobre la construcción de una casa. Esto es algo por lo cual Salomón era famoso. Como rey de Israel construyó una de las casas de adoración más lujosas que la nación jamás había visto. David, el padre de Salomón, había elaborado proyectos para la construcción de este templo. Veamos lo que David le dijo a Salomón en 1 Crónicas 22:14-16.

He aquí, yo con grandes esfuerzos he preparado para la casa de Jehová cien mil talentos de oro, y un millón de talentos de plata, y bronce y hierro sin medida, porque es mucho. Asimismo he preparado madera y piedra, a lo cual tú añadirás. Tú tienes contigo muchos obreros, canteros, albañiles, carpinteros, y todo hombre experto en toda obra. Del oro, de la plata, del bronce y del hierro, no hay cuenta. Levántate, y manos a la obra; y Jehová esté contigo.

Un talento era aproximadamente 75 libras o 34 kilogramos. Esto quería decir que David había provisto 3 400 000 kilogramos (7 500 000 libras) de oro para la construcción del templo. También había proporcionado 34 000 000 kilogramos (75 000 000 libras) de plata. El bronce y el hierro que él acumuló para este proyecto eran demasiados para pesarse. Además, sobre esta lista de suministros para el templo se encontraban la madera y las piedras, las cuales no se contaban. Se contrataron a muchos trabajadores expertos para construir el templo, y el resultado final fue una estructura catalogada en aquel entonces como la maravilla del mundo. El templo que Salomón construyó era una estructura impresionante.

La bendición de Dios no solo estaba sobre el templo que Salomón construyó sino sobre toda la nación de Israel que experimentó riqueza y prosperidad durante el tiempo de su reinado. Esto se evidencia en 1 Reyes 10:21:

Y todos los vasos de beber del rey Salomón eran de oro, y asimismo toda la vajilla de la casa del bosque del Líbano era de oro fino; nada de plata, porque en tiempo de Salomón no era apreciada.

Percatémonos de la frase "nada de plata, porque en tiempo de Salomón no era apreciada". Por muy preciosa que fuera la plata, no tenía valor en aquellos días, pues abundaba. En 1 Reyes 10 se describe a Salomón como el más rico y sabio de todos los reyes de la tierra:

Así excedía el rey Salomón a todos los reyes de la tierra en riquezas y en sabiduría. (1 R. 10:23)

¿Por qué es importante que analicemos estos hechos acerca de Salomón? El comentario inicial que Salomón hace en este salmo habla acerca de construir una casa. A él se le conoció por construir la gloriosa casa del Señor en Jerusalén; y también por edificar la casa de Israel como nación y traerla a un nuevo y alto nivel de riquezas y prosperidad. Salomón sabía lo que era vivir en prosperidad, y la bendición del Señor se manifestaba de una manera poderosa sobre ese proyecto de construcción y la administración de la nación.

Habiendo dicho esto, sin embargo, hay otro detalle importante que necesitamos ver en la vida de Salomón. Después que la construcción de la casa del Señor en Jerusalén se terminó, Dios habló a Salomón y le dio una advertencia muy importante. Veamos las palabras del Señor en 2 Crónicas 7:

Mas si vosotros os volviereis, y dejareis mis estatutos y mandamientos que he puesto delante de vosotros, y fuereis y sirviereis a dioses ajenos, y los adorareis, yo os arrancaré de mi tierra que os he dado; y esta casa que he santificado a mi nombre, yo la arrojaré de mi presencia, y la pondré por burla y escarnio de todos los pueblos. Y esta casa que es tan excelsa, será espanto a todo el que pasare, y dirá: ¿Por qué ha hecho así Jehová a esta tierra y a esta casa? Y se responderá: Por cuanto dejaron a Jehová Dios de sus padres, que los sacó de la tierra de Egipto, y han abrazado a dioses ajenos, y los adoraron y sirvieron; por eso él ha traído todo este mal sobre ellos. (2 Cr. 7:19-22)

Dios le dijo al Rey Salomón que, si Israel se apartaba de Él para servir a otros dioses, Él los eliminaría de su tierra y quitaría de Su vista la casa de adoración que Salomón había construido. En otras palabras, Dios destruiría el templo que Salomón construyó si el pueblo no lo adoraba solo a Él. Incluso sacaría a la gente de sus casas para exiliarlas en tierras extrañas si ellos se apartaban del único y verdadero Dios. Ellos podían perder todo su templo y nación con todo lo maravilloso que eran si no caminaban con Dios en verdad y sinceridad. Toda la obra de Salomón se arruinaría si el pueblo se alejaba de Dios.

A medida que Salomón disfrutaba de las riquezas que el Señor le proveyó, él pudo llegar a entender justamente cuán fútiles y pasajeras éstas podían ser. En Eclesiastés 2 Salomón describe la magnitud de sus riquezas:

Engrandecí mis obras, me edifiqué casas, planté viñas para mí; me hice jardines y huertos, y planté en ellos toda clase de árboles frutales; me hice estanques de aguas para regar el bosque con árboles en pleno crecimiento. Compré esclavos y esclavas, y tuve esclavos nacidos en casa. Tuve también ganados, vacas y ovejas, más que todos los que me precedieron en Jerusalén. Reuní también para mí plata y oro y el tesoro de los reyes y de las provincias. Me proveí de cantores y cantoras de los placeres de los hombres, de muchas concubinas.

Y me engrandecí y superé a todos los que me precedieron en Jerusalén; también la sabiduría permaneció conmigo. Y de todo cuanto mis ojos deseaban, nada les negué, ni privé a mi corazón de ningún placer, porque mi corazón gozaba de todo mi trabajo, y ésta fue la recompensa de toda mi labor. (Eclesiastés 2:4-10, LBLA)

El Rey Salomón disfrutó de todos los placeres imaginables y tuvo todo lo que quiso (Ec. 2:10). Él construyó casas, plantó viñas y jardines, compró esclavos y siervos, acumuló rebaños de vacas y ovejas, plata y oro. Él se entretenía con cantores y concubinas. Pero… ¿qué descubrió él a través de esta experiencia? Eclesiastés 2:11 dice:

Miré yo luego todas las obras que habían hecho mis manos, y el trabajo que tomé para hacerlas; y he aquí, todo era vanidad y aflicción de espíritu, y sin provecho debajo del sol.

Al final no había satisfacción en todos sus logros. Su alma no estaba satisfecha y anhelaba más. Las riquezas de este mundo no eran suficientes para darle el propósito que él buscaba. Escribiendo en Eclesiastés 12:13, Salomón nos dice dónde terminó para él esta búsqueda de significado.

El fin de todo el discurso oído es este: Teme a Dios, y guarda sus mandamientos; porque esto es el todo del hombre.

¿Qué aprendió Salomón? Aprendió que todas las riquezas del mundo son insuficientes para satisfacer el alma y traer verdadero significado a la vida. Solamente amar a Dios y caminar con Él podía traer significado y satisfacción.

Es en este contexto que Salomón escribe el Salmo 127, recordándonos las maravillosas bendiciones del Señor, pero también lo insignificantes que resultan estas bendiciones si no tenemos al Señor como nuestro enfoque y esperanza. Es en este contexto que debemos interpretar estos versículos.

Para Meditar:

¿Qué es un cántico de ascenso gradual? ¿Por qué el Salmo 127 preparaba al pueblo de Dios para adorar?

El Salmo 127:1 comienza haciendo referencia a la construcción de una casa. ¿Qué experiencia tenía Salomón en la construcción de casas?

¿Cuál fue la advertencia que Dios le hizo a Salomón acerca de la casa que él iba a construir? ¿Qué nos enseña esto acerca de la importancia de mantener a Dios como centro de nuestras vidas y corazones?

¿Qué satisfacción recibió Salomón de las riquezas que acumuló? ¿Cuál fue su conclusión al final?

Tomemos un momento para considerar nuestra sociedad moderna, sus proyectos ambiciosos y riquezas. ¿Cuán satisfechos estamos realmente con todas estas cosas? ¿Por qué es importante para nuestra sociedad entender que necesita a Dios en todo lo que hace?

Para orar:

Dediquemos unos momentos para agradecer al Señor por las cosas buenas que nos ha dado. Reconozcamos que ellas provienen de Él.

Pidamos a Dios que nos ayude a mantenerlo como el centro de nuestros corazones y pensamientos. Agradezcámosle que el verdadero significado no viene de las posesiones sino de una relación con Él.

Pidamos al Señor que nos dé gracia para rendir a Él todo lo que tenemos. Pidámosle que nos ayude a disfrutar lo que Él desea que disfrutemos y a rendir lo que necesitamos rendir.

Capítulo 2:
El Señor Edifica la Casa

Si el Señor no edifica la casa… (Sal 127:1, LBLA)

Una de las lecciones más difíciles que debemos aprender en nuestra vida cristiana es que el Señor desea obrar a través de nosotros. Esta puede parecer una declaración tonta, pero la realidad es que, aunque lo sabemos con nuestra mente, aún vivimos y ministramos como si todo dependiera de nosotros. Es importante que hagamos énfasis en este punto a la luz del pasaje antes mencionado.

A medida que comenzamos este estudio del Salmo 127:1-2, me gustaría reflexionar en la frase "si el Señor no edifica la casa". En este contexto Salomón habló sobre una casa. La palabra hebrea que se usa como casa se refiere a un templo, palacio o la construcción en la cual habita la familia; por lo tanto, también se refiere a la familia. Vemos este uso de la palabra en el salmo 115:10 donde dice:

Casa de Aarón, confiad en Jehová; Él es vuestra ayuda y vuestro escudo.

Aquí el salmista habló de la casa de Aarón. Él no está hablando de una edificación, sino de las personas que pertenecían a la familia de Aarón. Los versículos 3-5 del Salmo 127 hablan acerca de los niños como una bendición del Señor. Esto puede indicar que cuando Salomón escribió este salmo no estaba pensando primordialmente en la edificación, sino en los miembros de la familia.

Aunque el uso de la palabra 'casa' se puede ver más como referencia al núcleo familiar, el principio que Salomón enseña en el versículo 1 se aplica no solamente a las familias, sino también a todos los aspectos de la vida. Salomón nos dice que el Señor edifica la casa. ¿Cómo debemos interpretar esta frase?

Dios está en el proceso de cumplir Su propósito en esta tierra. Veamos las palabras que Jesús le dijo a Pedro en Mateo 16:18:

Y yo también te digo, que tú eres Pedro, y sobre esta roca edificaré mi iglesia; y las puertas del Hades no prevalecerán contra ella.

Jesús le recordó al apóstol que Él edificaría Su iglesia, y el mismo infierno no la vencería. Esta es la promesa de Jesús. Él expandirá Su reino en esta tierra y vencerá las fuerzas del infierno que se alíen contra él. Jesús mismo se estaba comprometiendo a hacer la obra de edificar Su iglesia. Es cierto que Él nos usa en el proceso, pero la tarea es Suya. Él es el encargado de edificar Su iglesia en esta tierra. Para hacerlo, ha enviado a Su Espíritu Santo a capacitar a Sus siervos para llevar a cabo Su propósito. A medida que caminamos en sujeción a Él y a Su propósito, Él nos guiará en cada paso del camino. El problema surge cuando pensamos que estamos a cargo de la edificación del reino. En vez de caminar en sujeción a Dios, comenzamos a decirle lo que queremos que Él haga. Comenzamos a creer que podemos llevar adelante el propósito de Dios con nuestras propias fuerzas y sabiduría. Nos apropiamos del rol que le pertenece al Señor, y lo convertimos a Él en nuestro siervo para que cumpla nuestro propósito para la iglesia o para nuestras vidas.

Salomón nos recuerda que es el Señor quien edifica la casa. Esta es Su responsabilidad, y nosotros no deberíamos atrevernos a quitársela. Por el contrario, es nuestro deber ser siervos humildes y caminar en obediencia a Él.

La frase el Señor edifica la casa nos muestra que Él es el Señor y todo poder de decisión está en Sus manos. Él la llevará en la dirección hacia donde Él quiera ir, y nosotros debemos caminar en obediencia a Su señorío.

Agradezco que, en este asunto de edificar la casa de Dios, no sea yo el único encargado. Alabo al Señor porque Él se ha hecho cargo de esto, y yo tengo el privilegio de simplemente aprender a caminar en obediencia a Él. El Señor me capacita para hacer lo que Él quiere hacer; me guía a donde Él quiere que vaya; me protege de los enemigos que procuran destruirme y que obstaculizan mis esfuerzos de caminar en obediencia. Al escribir a los creyentes tesalonicenses el apóstol Pablo dijo:

Pero fiel es el Señor, que os afirmará y guardará del mal. (2 Ts. 3:3)

Cuando el Señor edifica Su casa, Él protege a Sus siervos del maligno que procura estropear sus esfuerzos y vencerlos. Nuevamente esta es una responsabilidad del Señor, quien se ha encargado de edificar Su iglesia.

Vemos evidencia de la protección divina en los días de Moisés. Cuando los israelitas huían de sus enemigos egipcios, se hallaban a la orilla del Mar rojo sin otro lugar adonde ir y con el ejército egipcio aproximándose rápidamente. Temerosos de lo que iba a sucederles, comenzaron a acusar a Moisés de que los trajo al desierto para destruirlos. Ellos no fueron capaces de ver que Dios era su protector. Después de hablar con Dios al respecto, Moisés dijo a los temerosos israelitas:

Y Moisés dijo al pueblo: No temáis; estad firmes, y ved la salvación que Jehová hará hoy con vosotros; porque los egipcios que hoy habéis visto, nunca más para siempre los veréis. Jehová peleará por vosotros, y vosotros estaréis tranquilos. (Éx. 14:13-14)

No había nada que el pueblo pudiera hacer, excepto confiar en el Señor y esperar Su liberación. Dios se había encargado de la tarea de ser el protector de Su pueblo. Ese día Él abrió el Mar Rojo delante de ellos y les permitió atravesar hacia tierra seca. La respuesta de los egipcios que fueron atrapados en el mar cuando trataron de atravesarlo tras los israelitas es significativa:

...Huyamos de delante de Israel, porque Jehová pelea por ellos contra los egipcios. (Éx. 14:25)

Ese día los mismos egipcios vieron que el Señor peleó por Su pueblo. Cuando Su pueblo no podía hacer nada, Dios se inclinó desde los cielos y abrió las aguas del Mar Rojo haciendo un camino para que ellos cruzaran. Y los egipcios se maravillaron ante lo que el Señor hizo por Su pueblo ese día.

Cuando los moabitas y amonitas se levantaron en armas e invadieron la nación de Judá, el rey Josafat se preocupó profundamente. Al no saber qué hacer, hizo un llamado a la nación a ayunar y a buscar del Señor. Durante esa reunión, un profeta llamado Jahaziel escuchó la voz del Señor dirigida al pueblo de Judá, y profetizó lo siguiente:

Oíd, Judá todo, y vosotros moradores de Jerusalén, y tú, rey Josafat. Jehová os dice así: No temáis ni os amedrentéis delante de esta multitud tan grande, porque no es vuestra la guerra, sino de Dios. (2 Cr. 20:15)

Dios se había encargado de pelear por Su pueblo y de librarlo de sus enemigos.

Dios guía a Su pueblo paso a paso a medida que expande Su reino. El tiempo no nos permite examinar los muchos ejemplos bíblicos de cómo el Espíritu de Dios guiaba a Sus siervos en lo que debían decir y a quién debían hablar. El Espíritu dirigía claramente a los apóstoles en las cosas que hacían. Ellos escogieron ser sensibles a la dirección de Dios en sus vidas y ministerios.

El Dios que guió a Pablo a Corinto también lo empoderó en la obra que él hizo en esa ciudad. Veamos lo que Pablo dijo a los creyentes en 1 Corintios 2:3-5:

Y estuve entre vosotros con debilidad, y mucho temor y temblor; y ni mi palabra ni mi predicación fue con palabras persuasivas de humana sabiduría, sino con demostración del Espíritu y de poder, para que vuestra fe no esté fundada en la sabiduría de los hombres, sino en el poder de Dios.

Aunque Pablo se veía a sí mismo débil y temeroso, él también experimentaba el Espíritu Santo en su vida, capacitándolo para llevar a cabo la obra que Dios le había encomendado en la ciudad de Corinto. Pablo estaba plenamente consciente del poder de Dios que obraba en su vida cuando fue a esta gran ciudad. Él dice claramente que el trabajo que él había hecho en esa ciudad era obra de Dios y no humana. Dios lo usó como un instrumento para llevar a cabo Su gran propósito de plantar la iglesia en Corinto.

El gran apóstol Pablo no tenía la errónea idea de poder cambiar a alguien por medio de habilidades y sabiduría humana. Al escribir a la iglesia tesalonicense dijo:

Mas el mismo Dios y Padre nuestro, y nuestro Señor Jesucristo, dirija nuestro camino a vosotros. Y el Señor os haga crecer y abundar en amor unos para con otros y para con todos, como también lo hacemos nosotros para con vosotros, para que sean afirmados vuestros corazones, irreprensibles en santidad delante de Dios nuestro Padre, en la venida de nuestro Señor Jesucristo con todos sus santos. (1 Ts. 3:11-13)

Pablo estaba esperando que el Señor le indicara cuándo presentarse a los creyentes en Tesalónica; y él sabía que era el Señor quien haría que los creyentes crecieran y abundaran en amor unos con otros. También sería el Señor quien afirmaría sus corazones y los haría irreprensibles ante el Padre. Esto no dependía de la capacidad de Pablo; él no podía cambiar los corazones y las vidas de estas personas, pero podía ser un instrumento en las manos de Dios para que este cambio sucediera.

Hablando a través del profeta Isaías, el Señor dijo:

¿Se gloriará el hacha contra el que con ella corta? ¿Se ensoberbecerá la sierra contra el que la mueve? ¡Como si el báculo levantase al que lo levanta; como si levantase la vara al que no es leño! (Is. 10:15)

¿Puede el hacha gloriarse por cortar un gran árbol, o la sierra por reducir ese árbol a pequeños trozos? Si se fuera a elogiar a alguien sería a quien maneja el hacha y usa la sierra. ¿Deberíamos nosotros, quienes somos instrumentos en las manos de Dios, gloriarnos por la obra que Dios ha hecho como si hubiéramos podido hacerla sin Él?

Muchas veces queremos llevarnos el mérito por lo que Dios está haciendo; queremos encargarnos de la responsabilidad de cambiar el mundo o edificar el reino de Dios con nuestras propias fuerzas. Salomón nos dice en este salmo que la tarea de edificar la casa es del Señor. No es responsabilidad nuestra. Nuestra responsabilidad es ser siervos obedientes e instrumentos limpios que Él pueda usar.

La primera lección que necesitamos aprender del Salmo 127:1 es que no somos nosotros los que estamos a cargo. El Señor es el Único que está edificando la casa. Aunque nosotros somos instrumentos, Él es el arquitecto. Él es el planificador. Nosotros somos parte de ese plan, pero es Él quien está en control. Nuestra responsabilidad es caminar en obediencia a Él, a Su dirección y a Su propósito.

Para Meditar:

¿De quién es la responsabilidad de edificar la iglesia según Mateo 16:18?

¿Cuál es la diferencia entre ser el responsable de algo y ser un instrumento en las manos de ese quien es el responsable?

¿Compete a nuestro poder humano llevar a cabo el propósito de Dios en esta tierra? ¿Podemos hacerlo sin Él?

¿Puede un instrumento gloriarse de sus logros cuando todo el poder y la habilidad son de las manos de la persona que lo usa?

¿Cuál es la promesa de Dios para protegernos y guiarnos como instrumentos en Sus manos?

¿Por qué nos resulta tan tentador el querer estar a cargo de la obra del reino de Dios?

Para orar:

Agradezcamos al Señor que Él es el encargado de edificar Su reino. Démosle gracias porque Él no se equivoca, y que aún el mismo infierno no puede derrotar Su propósito.

Demos gracias al Señor porque Él está dispuesto a usarnos como instrumentos en Sus manos para llevar a cabo la obra que Él está haciendo.

Agradezcamos al Señor que Él cuida de Sus instrumentos (usted y yo). Dediquemos un momento para reconocer ante el Señor cuánto Él ha cuidado de nosotros.

Pidamos a Dios que nos dé gracia para caminar en sujeción a Su Señorío. Pidámosle que nos limpie y nos haga fieles instrumentos en Sus manos para Su reino.

Pidamos a Dios que nos perdone por las veces que hemos querido apropiarnos de Su rol y estar a cargo o hacer las cosas a nuestro modo.

Capítulo 3 - Los que la Edifican

Si el Señor no edifica la casa, en vano trabajan los que la edifican… (Sal 127:1, LBLA)

En el capítulo anterior analizamos la frase, "el Señor edifica". El Señor se encuentra en el proceso de expandir Su reino y edificar Su iglesia. Esta es Su obra, y es un privilegio para nosotros caminar en sujeción y obediencia a Él a medida que lleva a cabo ese plan. En este capítulo veremos cómo Salomón fue más allá con esta idea.

Si…

Percatémonos cómo Salomón comienza el versículo 1 con la frase "Si el Señor no edifica la casa". La palabra "si" es significativa. El diccionario VOX la define de la siguiente manera:

Si 1 conjunción

1 Introduce una oración en la que se indica una condición real o hipotética que se ha de cumplir necesariamente para que sea cierto o se produzca lo que se expresa:

2 Introduce una oración en la que se indica una circunstancia real que permite deducir o afirmar lo que se expresa: (Diccionario de Uso del Español de América y España)

La idea aquí es que si no es el Señor quien edifica, habrá consecuencias. Si queremos ver resultados certeros, entonces es necesario que el Señor edifique la casa. Hay un costo que pagar si no dejamos que sea Él quien lo haga.

Los que la Edifican

Vemos dos frases en el versículo 1. La primera frase "si el Señor no edifica" indica que es el Señor quien está haciendo la obra. Sin embargo, notemos también que en el mismo versículo tenemos la frase "los que la edifican". Esto indica que a la par de Dios hay otros que están edificando.

Estas dos frases "si el Señor no edifica" y "los que la edifican" no se contradicen entre sí. Esto muestra que nosotros nos unimos con Dios en la obra que Él está haciendo. En otras palabras, nos asociamos con Dios en Su reino uniendo esfuerzos. Él decide usarnos en Su maravilloso propósito en esta tierra; nos envía en Su nombre y bajo Su insignia; y nos usa en la obra que está llevando a cabo.

Aunque este compañerismo es lo que Dios espera, nosotros a menudo nos encontramos trabajando independientes de Él. Es posible que edifiquemos nuestros hogares y ministerios por medio de la fortaleza y sabiduría humanas y dejando aparte a Dios. Debemos admitir que nosotros le debemos a Él nuestra fortaleza y sabiduría y, en este sentido, no podemos hacer nada sin Él. Sin embargo, a lo que me estoy refiriendo aquí es a la decisión de hacer de nuestros planes y logros, nuestras metas personales sin confiar en el Señor o sin tomarlo en consideración a Él o a Sus propósitos.

Podemos lograr muchas cosas mediante la sabiduría humana. En Génesis 11 leemos acerca de los descendientes de Noé que sobrevivieron al diluvio. Ellos determinaron construir una gran ciudad con una torre que alcanzaría el cielo; pero no tuvieron en cuenta al Señor en esta decisión. Dios quería que ellos se extendieran sobre la faz de la tierra y la poblaran, pero ellos querían permanecer juntos y hacerse de un nombre.

Cuando ellos se aventuraron en este gran proyecto constructivo, el Señor se inclinó a ver lo que estaba pasando. Veamos lo que Él dijo en Génesis 11:6:

Y dijo el Señor: He aquí, son un solo pueblo y todos ellos tienen la misma lengua. Y esto es lo que han comenzado a hacer, y ahora nada de lo que se propongan hacer les será imposible. (LBLA)

Observemos la frase "esto es lo que han comenzado a hacer, y ahora nada de lo que se propongan hacer les será imposible". Analicemos las cosas importantes que se han hecho mediante habilidades y sabiduría humana. Se han construido grandes negocios donde se han empleado a decenas de miles de personas; se han visto grandes avances médicos en nuestra era; enfermedades que una vez ocasionaron muerte ahora tienen cura. A menudo me asombra el hecho de tomar un teléfono y hablar con una persona que se encuentra lejos de mí. ¿Cómo es que esa voz viaja a través del aire y llega a nuestros oídos? ¿Cómo es que las fotos y las palabras pasan de una computadora a otra? Tal parece que en la actualidad nada es imposible para nosotros con el conocimiento de la tecnología.

Muchas de las personas que tienen una tecnología avanzada no conocen al Señor. Grandes hombres de negocios han construido sus compañías usando principios terrenales de negocios sin interesarse para nada en el Señor ni Su propósito. Y se han construido grandes iglesias usando estas mismas técnicas. Las palabras del Señor aún parecen estar vigente en nuestros días: "nada de lo que se propongan hacer les será imposible".

Realmente es posible hacer "grandes" cosas sin buscar al Señor o a Su propósito. No podemos medir nuestra fe basados en la prosperidad. Usted puede ser una persona muy adinerada y no caminar con Dios. Puede lograr cosas maravillosas en la vida y no conocer al Señor. Salomón nos recuerda que podemos construir nuestras casas alejados del Señor y Su propósito. La diferencia que Salomón establece entre la edificación que el Señor hace y "los que edifican" parece mostrarnos que existen muchas cosas que pueden hacerse alejados de Dios y de Su propósito.

Lo que es importante que entendamos en el uso que Salomón hace de la frase "si el Señor no edifica" es que existe un peligro vinculado a edificar algo sin tomar en consideración el propósito de Dios. Salomón continúa explicando esto en la próxima frase del versículo 1.

En Vano Trabajan

Salomón nos dice que, si el Señor no edifica la casa, en vano trabajan los que la edifican. ¿Qué significa trabajar en vano? Hay un buen ejemplo de esto en el Evangelio según San Mateo:

Muchos me dirán en aquel día: Señor, Señor, ¿no profetizamos en tu nombre, y en tu nombre echamos fuera demonios, y en tu nombre hicimos muchos milagros? Y entonces les declararé: Nunca os conocí; apartaos de mí, hacedores de maldad. (Mt. 7:22-23)

En este contexto Jesús hablaba de individuos que ministraron en Su nombre. Ellos profetizaron, echaron fuera demonios e hicieron obras poderosas en el nombre de Jesús. Aparentemente estas personas tenían un ministerio muy poderoso y exitoso; y estoy seguro que tenían muchos seguidores. Sin embargo, la respuesta del Señor a estos individuos es impactante. "Nunca os conocí; apartaos de mí, hacedores de maldad". Observemos tres aspectos en esta respuesta del Señor.

Primero, el Señor les dice a estos individuos que nunca los conoció. No había vínculo entre ellos. Estas personas estaban ejecutando sus ministerios apartados de Cristo y sin una relación íntima con Él. Ellos no estaban a tono con Dios y Su propósito para sus vidas.

Segundo, el Señor les dice que se aparten de Él. Aunque ellos hacían cosas en el nombre de Cristo, no tenían Su aprobación. Sus ministerios eran exitosos desde la perspectiva terrenal, pero estos siervos no estaban caminando en el propósito de Dios para sus vidas. No estaban conectados a Él como la rama está conectada a la vid. Ellos servían según su propia sabiduría y para su propia complacencia. No pertenecían a Cristo y como tal no tenían parte con Él, aunque ministraban en Su nombre.

Por último, observemos que el Señor llama a estos individuos "hacedores de maldad". ¿Puede usted imaginar que una persona que profetiza, que echa fuera demonios y que realiza milagros en el nombre de Jesús sea un hacedor de maldad? Obviamente este es el caso en Mateo 7. Ellos eran hacedores de maldad en el sentido de que no caminaban en el propósito de Dios para sus vidas. No ministraban de acuerdo a ese propósito divino, y usaban el nombre de Jesús para llevar a cabo sus propios propósitos. No buscaban la voluntad de Dios sino la suya propia. No eran siervos de Dios ni humildes ni verdaderos. No esperaban en Él ni buscaban agradarle, sino que se apresuraban a hacer lo que les parecía. No era Dios quien estaba construyendo la casa, sino ellos mismos; y el resultado era devastador.

¿Se imagina usted delante de Dios diciéndole todo lo que hizo por Él, solo para escucharlo decir: "Yo nunca te pedí que hicieras eso"? ¿Cómo sería tener toda una vida de esfuerzos derrumbándose delante de uno? ¿Cómo sería percatarse de que ha desperdiciado su vida llevando a cabo sus propios asuntos y no lo que Dios lo ha llamado a hacer? ¿Se imagina usted que llegue a la conclusión de que ha estado persiguiendo sus propias metas y ambiciones y que ha fracasado en el andar en el propósito de Dios? Usted forjó un futuro con sus planes, pero Dios no estaba incluido. Ahora, cuando se presenta ante su Juez, se da cuenta de que todo lo que tenía para mostrarle es fruto de su propia ambición y deseo. Todos sus esfuerzos han sido en vano porque no fue capaz de caminar en el propósito de Dios, escogiendo, en su lugar, confiar en su propia sabiduría y deseos.

En Éxodo 33 vemos cómo el pueblo de Israel enojó al Señor con sus pecados. Dios habló a Moisés y le dijo que, aunque Él enviaría a Su ángel para que los acompañara en el camino a la Tierra Prometida, Su presencia personal no iría con ellos. Si la presencia de Dios los acompañaba, Él podría consumirlos en el trayecto a causa de sus pecados.

En Su gracia, Dios preservó a Su pueblo. Le prometió que Su ángel los acompañaría en su viaje y que les daría la tierra que había prometido. Lo único que no tendrían era Su presencia y Su bendición. La idea de continuar avanzando sin la presencia del Señor afligió a Moisés en gran manera.

De hecho, en Éxodo 33:15-16, hablándole al Señor, Moisés dijo:

Si tu presencia no ha de ir conmigo, no nos saques de aquí. ¿Y en qué se conocerá aquí que he hallado gracia en tus ojos, yo y tu pueblo, sino en que tú andes con nosotros, y que yo y tu pueblo seamos apartados de todos los pueblos que están sobre la faz de la tierra?

Moisés le rogó al Señor que fuera con ellos en el viaje. Él no podía imaginarse viajando a la Tierra Prometida sin la presencia de Dios. ¿Cómo podía él guiar a este pueblo si no era con el poder y la provisión de Dios? ¿Cómo podía lidiar con las quejas y el descontento continuos si la presencia de Dios no estaba con ellos? De hecho, Moisés fue tan valiente como para decirle a Dios que él no quería irse del desierto si la presencia de Dios no lo acompañaba en cada paso del camino. La única manera en que el pueblo podía saber que ellos le pertenecían a Dios, era por el hecho de que Su presencia respaldaba todo lo que hacían.

Moisés clamó por la presencia de Dios. Él quería que el Señor estuviera con él en cada paso del camino; quería que la bendición de Dios estuviera sobre cada esfuerzo que emprendiera. Él quería andar en comunión con Dios y experimentar Su dirección en cada momento del día. No podía imaginar servir sin la presencia constante de Dios, guiando, bendiciendo y proveyendo. Él no podía imaginar vivir un día sin depender constantemente de Dios para obtener sabiduría en las decisiones que tomara.

Estar en comunión con Dios era vital para Moisés. Él no quería trabajar independiente de Dios y Su propósito. Él quería experimentar la bendición de Dios en cada paso que diera. Quería ser escuchado por Dios y caminar en sumisión a Su propósito. ¡Cuán diferente es esta actitud de la de aquellos que profetizaron en el nombre de Jesús en Mateo 7 –realizando grandes cosas sin Su presencia que los guiara en cada paso! Quiera Dios darnos el corazón de Moisés para experimentar Su presencia divina en todo lo que hagamos, y estar conscientes de Su obra en cada parte de nuestras vidas. Que Dios nos dé la determinación de negarnos a ir a cualquier lugar, a menos que sepamos que estamos caminando con Él, y Él con nosotros.

Para Meditar:

Dediquemos un momento a considerar las "grandes" cosas que hemos hecho en la carne en la actualidad. ¿Qué se puede lograr humanamente?

¿Verdaderamente son de Jesús todas estas cosas hechas en Su nombre?

¿Cuáles son las consecuencias de no permitir que el Señor nos guíe en nuestra sociedad? ¿Cuáles son las consecuencias a nivel personal?

En Mateo 7 Jesús describe a un grupo de individuos que profetizaron, hicieron milagros y echaron fuera demonios en Su nombre. Él dice que no los conocía. ¿Están caminando cerca del Señor todos aquellos que ven frutos en sus ministerios? ¿Es posible ver fruto si Dios no está en medio de nuestros ministerios?

¿Cuál fue la actitud de Moisés cuando el Señor le dijo que Su presencia no iría con él? ¿Es ésta nuestra actitud en la vida y en el ministerio?

¿Cuánto de lo que hacemos está sujeto al Señor y a Su dirección? ¿Alguna vez nos hemos visto ignorando al Señor y a Su propósito en nuestras vidas?

Para Orar:

Pidamos al Señor que nos dé mayor discernimiento para que no seamos engañados por aquellos que sirven en Su nombre, pero no le pertenecen.

Pidamos a Dios que nos dé un corazón como el de Moisés, que busque Su presencia en todo lo que hagamos.

Oremos a Dios para que nos ayude a estar a tono con lo que Él está haciendo en nuestras vidas, y nos ayude a estar dispuestos a morir a nuestras propias ideas y propósitos.

Agradezcamos al Señor porque Su propósito es perfecto. Porque podemos caminar en comunión con Él en aquello que Él quiere hacer.

Roguemos a Dios nos perdone por las veces en que le hemos servido en vano por causa de nuestro orgullo e intereses personales.

Capítulo 4 - Trabajando En Vano

...en vano trabajan los que la edifican (Salmo 127:1)

Ya hemos abordado el hecho de que es posible servir mediante nuestros propios esfuerzos y sabiduría, dejando aparte la dirección de Dios. Salomón continúa diciéndonos que los que actúan así, trabajan en vano. El hecho de que estos individuos están edificando la casa indica que ellos han estado teniendo éxito en alguna medida. Cuando miremos a nuestro alrededor veremos que muchos que no conocen al Señor construyendo sus "casas". Analicemos el éxito de los hombres o mujeres de negocios que no son cristianos y que hacen prosperar grandes compañías. Pensemos en cómo muchas personas no creyentes viven en prosperidad y seguridad relativa en este mundo. Por otro lado, vemos a muchos creyentes sinceros y consagrados que sufren y experimentan gran persecución a causa de su fe. Job, quien sufrió en su época, batalló con esto cuando dijo:

Prosperan las tiendas de los ladrones, y los que provocan a Dios viven seguros, en cuyas manos él ha puesto cuanto tienen. (Job 12:6)

Y continúa diciendo en el capítulo 21:

¿Por qué viven los impíos, y se envejecen, y aun crecen en riquezas? Su descendencia se robustece a su vista, y sus renuevos están delante de sus ojos. Sus casas están a salvo de temor, ni viene azote de Dios sobre ellos. Sus

toros engendran, y no fallan; paren sus vacas, y no malogran su cría. Salen sus pequeñuelos como manada, y sus hijos andan saltando. Al son de tamboril y de cítara saltan, y se regocijan al son de la flauta. Pasan sus días en prosperidad, y en paz descienden al Seol. Dicen, pues, a Dios: Apártate de nosotros, porque no queremos el conocimiento de tus caminos. (Job 21:7-14)

Job describe a personas que le dicen a Dios que se aparte de ellos, y aun así prosperan abundantemente en esta vida. Por otro lado, Job, quien servía al Señor de todo corazón, sufría la pérdida de familiares, amigos y de su propia salud. Desde la perspectiva humana, parecía que los esfuerzos de Job eran en vano, y los esfuerzos de aquellos que le decían a Dios que se apartara, prosperaban.

¿Qué quiso decir Salomón cuando expresó que aquellos que edifican su casa sin el Señor trabajan en vano? Permítame darle algunas ideas claves.

"Ellos Trabajan en Vano"

Cuando Salomón nos dice que los que edifican su casa sin el Señor trabajan en vano, él no quiere decir que ellos no tendrán éxito en lo que están haciendo. El ladrón puede disfrutar la prosperidad obtenida de su ganancia mal adquirida. Los sabios terrenales pueden disfrutar las bendiciones de gran prosperidad en los negocios, y vivir una vida rica y confortable. Estos individuos proveen para sus familias y disfrutan las riquezas de esta tierra por medio de su sabiduría humana. Si usted les preguntara si su labor fue en vano, ellos le mostrarían la prosperidad y el respeto que han obtenido a través de sus esfuerzos, y le dirían que a través de éstos han logrado todo lo que se han propuesto en la vida. Desde su perspectiva, su labor no ha sido en vano.

Aunque muchos individuos logran éxitos terrenales, cuando mueran no podrán llevarse nada. Lo dejarán todo atrás y se presentarán ante su Juez. Entonces ellos verán que todas sus obras fueron en vano. En ese momento, las posesiones y los éxitos de este mundo significarán muy poco para ellos.

Es en Vano Pelear contra Dios

Esto nos proporciona un segundo punto. Los hermanos de José batallaron contra el plan de Dios para él, pero aun así, el Señor llevó a cabo Su propósito en este hombre. Ellos vendieron a José como esclavo, pero Dios lo levantó para ser un líder en ese país.

Los romanos crucificaron a Jesús, pero Dios usó sus esfuerzos para dar lugar a la salvación de Su pueblo.

Jonás huyó del llamado de Dios en su vida, pero Dios lo persiguió y lo envió a Nínive. Jonás predicó con amargura en su corazón, pero Dios usó ese mensaje para traer arrepentimiento al pueblo de Nínive.

El apóstol Pablo luchó contra los cristianos con todas sus fuerzas. Él era una figura muy importante en la persecución contra ellos, pero el Señor lo dejó atónito en el suelo y quebrantó la dureza de su corazón. Desde ese momento él rindió su vida a Aquel a quien había perseguido.

Leamos las palabras del salmista en el Salmo 139:7-12

¿A dónde me iré de tu Espíritu? ¿Y a dónde huiré de tu presencia? Si subiere a los cielos, allí estás tú; Y si en el

Seol hiciere mi estrado, he aquí, allí tú estás. Si tomare las alas del alba Y habitare en el extremo del mar, Aun allí me guiará tu mano, Y me asirá tu diestra.Si dijere: Ciertamente las tinieblas me encubrirán; Aun la noche resplandecerá alrededor de mí. Aun las tinieblas no encubren de ti, Y la noche resplandece como el día; Lo mismo te son las tinieblas que la luz.

El salmista había aprendido que procurar esconderse del Señor era definitivamente inútil. Cualquiera que decidiera pelear contra Él, al final perdería.

El profeta Amós describe el día del juicio del Señor de la siguiente manera:

...como el que huye de delante del león, y se encuentra con el oso; o como si entrare en casa y apoyare su mano en la pared, y le muerde una culebra. (Am. 5:19)

Al igual que el Salmista, Amós nos recuerda que es en vano pelear contra el Señor o intentar esconderse de Él. A dondequiera que vayamos, Dios está presente y nos ve. Los que edifican sus casas en contra del propósito de Dios, al final no pueden tener éxito. Aunque puedan disfrutar la seguridad y la prosperidad de sus esfuerzos por un tiempo, sus casas al final se desmoronarán. Jesús describe esto en Mateo 7:

Cualquiera, pues, que me oye estas palabras, y las hace, le compararé a un hombre prudente, que edificó su casa sobre la roca. Descendió lluvia, y vinieron ríos, y soplaron vientos, y golpearon contra aquella casa; y no cayó, porque estaba fundada sobre la roca. Pero cualquiera que me oye estas palabras y no las hace, le compararé a un hombre insensato, que edificó su casa sobre la arena; y descendió

*lluvia, y vinieron ríos, y soplaron vientos, y dieron con
ímpetu contra aquella casa; y cayó, y fue grande su ruina.
(Mt. 7:24-27)*

El apóstol Juan recibió una visión de lo que le sucedería a Babilonia, la cual parece representar la riqueza y prosperidad de este mundo. Leamos sus palabras en Apocalipsis 18:

*Y los reyes de la tierra que han fornicado con ella, y con ella
han vivido en deleites, llorarán y harán lamentación sobre
ella, cuando vean el humo de su incendio, parándose lejos
por el temor de su tormento, diciendo: ¡Ay, ay, de la gran
ciudad de Babilonia, la ciudad fuerte; porque en una hora
vino tu juicio! (Ap. 18:9-10)*

A partir de estos versículos vemos justamente cuán inútil y vano es pensar que podemos edificar nuestras vidas sobre cualquier otra cosa que no sea el propósito de Dios, y al final tener éxito. Finalmente, todo lo que no se edifica sobre la sólida base de Dios y Su palabra, se desmoronará. Aquellos que edifican sobre cualquier otra base, ciertamente trabajan en vano.

La Vanidad de una vida Desperdiciada

En tercer lugar, la vanidad a la que Salomón se refiere aquí puede percibirse en una vida desperdiciada. Veamos lo que el apóstol Pablo les dijo a los corintios:

*Conforme a la gracia de Dios que me ha sido dada, yo
como perito arquitecto puse el fundamento, y otro edifica
encima; pero cada uno mire cómo sobreedifica. Porque
nadie puede poner otro fundamento que el que está puesto,
el cual es Jesucristo. Y si sobre este fundamento alguno*

edificare oro, plata, piedras preciosas, madera, heno, hojarasca, la obra de cada uno se hará manifiesta; porque el día la declarará, pues por el fuego será revelada; y la obra de cada uno cuál sea, el fuego la probará. Si permaneciere la obra de alguno que sobreedificó, recibirá recompensa. Si la obra de alguno se quemare, él sufrirá pérdida, si bien él mismo será salvo, aunque así como por fuego. (1 Co. 3:10-15)

Pablo les decía a los creyentes de Corinto que ellos podrían edificar sus casas con diferentes tipos de materiales. Algunas casas podrían ser edificadas con oro, plata y piedras preciosas. Otras, serían edificadas con madera, heno y hojarasca. ¿Cuál es la diferencia entre los dos tipos de materiales? La diferencia se ve en el juicio. Aquellas casas construidas con madera, heno y hojarasca serían consumidas en el fuego del juicio de Dios; mientras que las que se construyeron con oro, plata y piedras preciosas pasarían ilesas ese juicio.

Es muy fácil pensar que las casas de oro y plata son más impresionantes que las de madera y hojarasca. Este no es necesariamente el caso. Cualquier esfuerzo que no logre pasar el juicio de Dios es un esfuerzo de madera y hojarasca, no importa cuán impresionante sea ni cuánto dinero implique. Por otro lado, existen ministerios muy pequeños y aparentemente insignificantes que están siendo edificados con oro y plata. Dios no ve las cosas como las vemos nosotros.

Muchos esfuerzos humanos impresionantes no lograrán pasar el juicio. Cuando nos presentemos ante el Señor y veamos el fuego de Su juicio consumir nuestras obras de madera y hojarasca, puede que sintamos muy bien la vanidad de nuestros esfuerzos humanos. Nosotros mismos podemos cargar con cosas que no están en el propósito de Dios para nuestras vidas. Podemos vivir nuestras vidas para nuestros fines personales, pero un día nos presentaremos ante el Señor con todas nuestras obras elevadas como humo. La labor de aquellos que no están caminando en el propósito del Señor al final será consumida, y ellos verán la vanidad de sus esfuerzos.

Podemos disfrutar el fruto de nuestros esfuerzos humanos por un tiempo. Podemos gozar del calor de la prosperidad que proviene de nuestro arduo trabajo. Sin embargo, vendrá el día cuando todas esas obras serán sujetas al fuego justiciero de Dios. ¿Acaso hemos hecho lo que Él nos pidió hacer? ¿Hemos caminado en Su propósito? ¿Hemos edificado sobre la base que Él preparó para nosotros? ¿Ha estado Dios presente en lo que nosotros hemos estado haciendo, o hemos hecho lo que nos ha placido? Las respuestas a estas preguntas determinarán si hemos estado trabajando en vano o no.

Para Meditar:

¿Pueden las personas que se rebelan contra Dios prosperar en esta vida?

¿Puede Dios usar los vanos esfuerzos de aquellos que no procuran Su voluntad para lograr Su propósito? Explique.

¿Podemos alguna vez pelear contra Dios y vencer?

¿Cómo usted definiría una vida desperdiciada o vivida en vano?

¿Cuáles son las obras de madera, heno y hojarasca? ¿Pueden estas obras ser impresionantes a la vista? ¿Por qué se describen o se comparan como madera, heno y hojarasca?

¿Está el Señor presente en lo que estamos haciendo? ¿Somos conscientes de que estamos caminando en el propósito de Dios y conforme a Su voluntad?

Para Orar:

Pidamos al Señor que nos ayude a caminar en Su propósito para nuestras vidas.

¿Ha estado usted peleando contra el Señor en algún aspecto de su vida? Confiese ahora mismo que todos esos esfuerzos son en vano. Pida a Dios que le dé un corazón rendido a hacer Su voluntad.

Pidamos a Dios que nos dé un mayor deseo de que Él esté presente en todo lo que hagamos. Roguémosle que nos perdone por las veces que hemos hecho las cosas a nuestro modo.

Oremos al Señor que nos dé discernimiento para que no seamos engañados por impresionantes obras humanas que no provienen de Él.

Capítulo 5 -
El Señor Guarda

... si el Señor no guarda la ciudad (Sal. 127:1, LBLA)

Vayamos ahora a la segunda parte del Salmo 127:1. En esta segunda parte del versículo salomón dice:

...si el Señor no guarda la ciudad, en vano vela la guardia.

Meditemos un momento en la frase "si el Señor no guarda". La palabra hebrea que se usa para traducir "guarda" se encuentra muchas veces en el Antiguo Testamento. Una de las primeras veces que aparece esta palabra es en Génesis 2:15:

Tomó, pues, Jehová Dios al hombre, y lo puso en el huerto de Edén, para que lo labrara y lo guardase.

En este versículo vemos que el Señor puso a Adán en el Huerto del Edén y le dio la responsabilidad de "guardarlo". La palabra que aquí se usó es la misma que Salomón usó en el Salmo 127:1. La idea es que Adán debía cuidar y atender el Huerto que el Señor le había dado.

Más adelante en Génesis 3:24 leemos que cuando Adán y su esposa Eva pecaron contra Dios y fueron echados del Huerto, el Señor colocó un ángel (querubines) con una espada encendida para guardar el camino hacia el árbol de la vida. En otras palabras, a este ángel se le dio la responsabilidad de proteger este árbol y "guardarlo" de cualquiera que quisiera llegar a él.

Se dice que Jacob tenía que "guardar" las ovejas de su suegro Labán. Hacer esto significaba que él literalmente se arriesgaba por esas ovejas. Las alimentaba, las protegía y proveía para sus necesidades para que pudieran prosperar.

En Éxodo 15:26 leemos lo siguiente:

y dijo: Si oyeres atentamente la voz de Jehová tu Dios, e hicieres lo recto delante de sus ojos, y dieres oído a sus mandamientos, y guardares todos sus estatutos, ninguna enfermedad de las que envié a los egipcios te enviaré a ti; porque yo soy Jehová tu sanador.

Observemos cómo el pueblo de Dios debía atentamente "guardar" Sus estatutos. En otras palabras, ellos debían hacer todo lo posible para caminar en obediencia a los mandamientos de Dios. Debían respetar la voluntad y el propósito del Señor y comprometerse a andar en Sus caminos sin importar lo que sucediera.

En el Salmo 86:2 leemos:

Presérvame la vida, pues te soy fiel. Tú eres mi Dios, y en ti confío; ¡salva a tu siervo! (NVI)

La palabra "preservar" es la misma que usó Salomón en el Salmo 127:1. Esto nos muestra que el salmista esperaba que el Señor protegiera y guardara a sus siervos de los daños y de aquellos que procuraban destruirlos.

La expresión que Salomón usó en este salmo que significa "guarda" es muy importante. Cuando él nos dice que el Señor guarda la ciudad, nos está diciendo que el Señor la cuida. Hay ternura en Su corazón por la ciudad y sus habitantes. El deseo de Dios es proteger la ciudad para que sus moradores prosperen y lleguen a ser todo lo que Él quiere que sean. Él está dispuesto a dar Su propia vida con tal de que el enemigo no pueda entrar a la ciudad y dañar a sus habitantes.

Salomón nos dice que es el Señor quien guarda la ciudad. Nuevamente esto es significativo. Cuando el rey de la ciudad quería estar seguro de la protección de la misma, seleccionaba guardianes para que permanecieran en las puertas o velaran desde la torre. Estos guardianes estaban prestos a escuchar cualquier sonido que pudiera indicar un problema para la ciudad y le avisaban al rey. Ellos revisaban constantemente el horizonte en busca de algún peligro mientras estaba lejos para que de esta manera la ciudad tuviera tiempo de prepararse para enfrentarlo. Si el enemigo se aproximaba a la ciudad sin ser visto, el primer objetivo sería el guardián. Si ellos mataban al guardián antes de que éste pudiera alertar al rey, entonces el enemigo tenía la oportunidad de entrar a la ciudad. El guardián era el primero en la línea de defensa. Literalmente él permanecía entre el enemigo y la ciudad, arriesgando su vida para salvar a sus moradores.

¿Dónde estaba el rey cuando el guardián velaba la ciudad por la noche? Probablemente estaba en su cama descansando a salvo. El rey no sería también un guardián. Él era una persona demasiado importante como para exponer su vida de ese modo. Sin embargo, lo que leemos en el Salmo 127 es que el Señor guarda la ciudad. Él es el guardián de la ciudad. Él se coloca a Sí mismo entre el enemigo y nosotros para protegernos. Si el enemigo viene a alcanzarnos, primero debe pasar por Él.

El Rey de reyes, quien es digno de toda honra y alabanza, nos guarda. El más importante protege al menos importante. No hay mayor demostración de hasta donde Dios puede llegar para protegernos y guardarnos que cuando el Señor

Jesús entregó Su vida para asegurar nuestro perdón. Él murió en nuestro lugar; enfrentó a Satanás, al pecado y a la muerte para que nosotros pudiéramos ser librados de la furia de éstos.

¿Por qué el Señor guarda la ciudad y tiene que enfrentar directamente la fuerza de los ataques del enemigo? Juan 3:16 nos da la respuesta cuando dice:

Porque de tal manera amó Dios al mundo, que ha dado a su Hijo unigénito, para que todo aquel que en él cree, no se pierda, mas tenga vida eterna.

Dios amó al mundo. El amor de Dios es la única respuesta al porqué Él sacrificó Su vida. Nosotros nunca podremos explicar completamente por qué Dios nos ama de ese modo, pero no debemos rechazar este amor porque es nuestra única esperanza. Esta ternura y amor por nosotros se muestra de muchas maneras en las Escrituras. Veamos lo que el Señor Jesús dijo:

Mirad las aves del cielo, que no siembran, ni siegan, ni recogen en graneros; y vuestro Padre celestial las alimenta. ¿No valéis vosotros mucho más que ellas? (Mt. 6:26)

¿No se venden dos pajarillos por un cuarto? Con todo, ni uno de ellos cae a tierra sin vuestro Padre. Pues aun vuestros cabellos están todos contados. (Mt. 10:29-30)

Meditemos en la increíble ternura y compasión del Señor que ni siquiera un simple pajarillo cae a la tierra sin que Él lo sepa. Reflexionemos en el hecho de que Él nos conoce mejor que nosotros mismos, y que tiene contados todos nuestros cabellos. Este es el Dios que está velando por nosotros; el que protege y guarda la ciudad.

El salmista, reflexionando en el hecho de que Dios nos guarda y nos vela, dice:

He aquí, no se adormecerá ni dormirá el que guarda a Israel. Jehová es tu guardador; Jehová es tu sombra a tu mano derecha. El sol no te fatigará de día, ni la luna de noche. Jehová te guardará de todo mal; Él guardará tu alma. Jehová guardará tu salida y tu entrada. Desde ahora y para siempre. (Sal 121:4-8)

El Dios que guarda a Su pueblo nunca duerme. Sus ojos siempre están alertas, velando y protegiéndonos del enemigo. Él nos libra de la maldad que procura destruirnos. El salmista nos dice que este cuidado es desde ahora y para siempre. Es decir, el Señor siempre será nuestro guardador. ¡Qué seguridad tan tremenda encontramos en estas palabras! No existe un momento en que Él no esté guardándonos.

Esto no significa que cada paso que demos será fácil. La vida, por naturaleza, es dura. Habrá batallas en este mundo a causa del pecado. Sin embargo, en esos momentos podemos estar seguros del cuidado tierno y amoroso del Señor. El profeta Isaías nos recuerda que el Señor está presente en los momentos de dificultades.

Cuando pases por las aguas, yo estaré contigo; y si por los ríos, no te anegarán. Cuando pases por el fuego, no te quemarás, ni la llama arderá en ti. Porque yo Jehová, Dios tuyo, el Santo de Israel, soy tu Salvador; a Egipto he dado por tu rescate, a Etiopía y a Seba por ti. Porque a mis ojos fuiste de gran estima, fuiste honorable, y yo te amé; daré, pues, hombres por ti, y naciones por tu vida. (Is. 43:2-4)

El salmista nos recuerda esta misma verdad cuando dice:

Aunque ande en valle de sombra de muerte, no temeré mal alguno, porque tú estarás conmigo; tu vara y tu cayado me infundirán aliento. (Sal. 23:4)

Sí, podemos pasar por aguas profundas, furiosas tormentas e incluso, por el valle de sombra de muerte. Pero en estas circunstancias el Señor promete caminar junto a nosotros en el trayecto. Él nos guardará cuando atravesemos estas pruebas. Nunca se irá de nuestro lado. Él cuidará de nosotros hasta que entremos en Su presencia.

Salomón nos recuerda en este texto que el Señor guarda la ciudad. Como rey que era, Salomón hablaba sobre la ciudad sobre la cual reinaba; pero el cuidado del Señor no se limita solo a las ciudades, sino que Él cuida de nosotros como Su pueblo que somos, y guarda a los que son nuestros. Podemos estar bien confiados y seguros de Su cuidado por nosotros.

Para Meditar:

¿Qué significa guardar o cuidar algo? Ponga algunos ejemplos de personas quienes han cuidado algo.

¿Qué cualidades necesita tener un guardián?

Salomón nos dice que el Señor guarda la ciudad. ¿Por qué es significativo el hecho de que el mismo Señor es quien guarda la ciudad?

¿Hasta qué punto está dispuesto el Señor a cuidarnos y guardarnos?

¿Acaso el hecho de que Dios nos guarda y nos cuida significa que nunca tendremos problemas en esta vida? ¿Dónde está Dios cuando estamos atravesando estos problemas?

Para Orar:

Agradezcamos al Señor porque promete guardarnos.

Démosle gracias al Señor por el amor y la ternura que demuestra en Su cuidado para con nosotros.

Démosle gracias porque aun cuando estamos atravesando dificultades, Él está con nosotros.

Pidamos al Señor que nos permita apreciar mucho mejor Su cuidado.

Pidamos al Señor nos dé confianza en Su provisión y protección cuando estemos enfrentando las pruebas de la vida.

Pidamos a Dios que nos dé valor en medio de lo que Él nos ha llamado a hacer, sabiendo que Él es nuestro guardador.

¿Tiene usted algún ser querido que ha estado descarriado de los caminos del Señor? Pida a Dios que lo guarde y lo cuide.

Capítulo 6 -
Si el Señor no Guarda

...si el Señor no guarda la ciudad (Salmo 127:1, LBLA)

En el capítulo anterior vimos lo que Salomón dijo acerca de que el Señor guarda la ciudad. Con lo poderoso y rico que era el rey Salomón, él entendía que no era su fuerza la que lo salvaría. No todos entienden este principio. Algunas veces podemos tener una alta perspectiva de nuestras habilidades humanas, y los edomitas fueron ejemplo de esto. Analicemos el diálogo entre el profeta Abdías y los edomitas.

La soberbia de tu corazón te ha engañado, tú que moras en las hendiduras de las peñas, en tu altísima morada; que dices en tu corazón: ¿Quién me derribará a tierra? Si te remontares como águila, y aunque entre las estrellas pusieres tu nido, de ahí te derribaré, dice Jehová. (Abd. 1:3-4)

Cuando Abdías les dijo a los edomitas que serían derribados, ellos sencillamente respondieron: "¿Quién me derribará a tierra?" (v.3). Ellos no podían creer que pudieran ser humillados de tal modo. Estaban confiados en su propio poder y en sus circunstancias. Sin embargo, Dios les dijo que, aunque pusieran sus nidos entre las estrellas, Él los derribaría. Ellos no podrían hacerle frente.

El profeta Malaquías también escribió acerca de los edomitas y su confianza en sus propias fuerzas.

Cuando Edom dijere: Nos hemos empobrecido, pero volveremos a edificar lo arruinado; así ha dicho Jehová de los ejércitos: Ellos edificarán, y yo destruiré; y les llamarán territorio de impiedad, y pueblo contra el cual Jehová está indignado para siempre. (Mal. 1:4)

Observemos la actitud de los edomitas en Malaquías 1:4: "Nos hemos empobrecido, pero volveremos a edificar lo arruinado". Ellos creían que nada los podía detener. Creían en el poder de sus capacidades. Incluso pensaban que podían soportar el juicio de Dios. Sin embargo, el Señor les recordó que cada vez que ellos reconstruyeran, Él derribaría. Ellos no podían prosperar sin Dios.

El pueblo de Israel que retornó del exilio a Jerusalén, pasó tiempo construyendo sus propias casas, pero se olvidó de construir el templo. El profeta Hageo describe el resultado:

Sembráis mucho, y recogéis poco; coméis, y no os saciáis; bebéis, y no quedáis satisfechos; os vestís, y no os calentáis; y el que trabaja a jornal recibe su jornal en saco roto. (Hag. 1:6)

Ellos hacían dinero, pero nunca les parecía suficiente. No tenían la bendición de Dios en lo que hacían. Ellos luchaban para proveer para sus necesidades básicas.

El Señor Jesús dijo una parábola acerca de un hombre rico que intentaba hacer crecer su negocio:

También les refirió una parábola, diciendo: La heredad de un hombre rico había producido mucho. Y él pensaba dentro de sí, diciendo: ¿Qué haré, porque no tengo dónde guardar mis frutos? Y dijo: Esto haré: derribaré mis graneros, y los edificaré mayores, y allí guardaré todos mis frutos y mis bienes; y diré a mi alma: Alma, muchos bienes tienes guardados para muchos años; repósate, come, bebe, regocíjate. Pero Dios le dijo: Necio, esta noche vienen a pedirte tu alma; y lo que has provisto, ¿de quién será? (Lc. 12:16-20)

El hombre rico actuaba como si tuviera su vida en sus propias manos. El hacía grandes planes para su futuro; iba a enriquecerse lo suficiente como para retirarse, relajarse y disfrutar de su prosperidad. Pero Dios lo llamó necio, porque esa misma noche moriría y no disfrutaría ninguna de sus riquezas. La lección que aprendemos aquí es que nosotros no tenemos el control de nuestro futuro. Nuestro destino está en las manos de Dios.

Observemos las palabras de Jesús en Lucas 12:22-26.

Dijo luego a sus discípulos: Por tanto os digo: No os afanéis por vuestra vida, qué comeréis; ni por el cuerpo, qué vestiréis. La vida es más que la comida, y el cuerpo que el vestido. Considerad los cuervos, que ni siembran, ni siegan; que ni tienen despensa, ni granero, y Dios los alimenta. ¿No valéis vosotros mucho más que las aves? ¿Y quién de vosotros podrá con afanarse añadir a su estatura un codo? Pues si no podéis ni aun lo que es menos, ¿por qué os afanáis por lo demás?

Todas nuestras ansiedades y preocupaciones no añadirán nada a nuestra vida. Igual que el Señor cuida y provee para las aves del campo, así ha de cuidar de nosotros.

El apóstol Pablo nos recuerda que, si Dios es por nosotros, nada puede levantarse en nuestra contra.

¿Qué, pues, diremos a esto? Si Dios es por nosotros, ¿quién contra nosotros? El que no escatimó ni a su propio

Hijo, sino que lo entregó por todos nosotros, ¿cómo no nos dará también con él todas las cosas? (Ro. 8:31-32)

Nuestra única y verdadera seguridad la encontramos en el hecho de que Dios nos guarda.

Hablando a los habitantes de Jerusalén, Jesús les dijo:

¡Jerusalén, Jerusalén, que matas a los profetas, y apedreas a los que te son enviados! ¡Cuántas veces quise juntar a tus hijos, como la gallina junta sus polluelos debajo de las alas, y no quisiste! He aquí vuestra casa os es dejada desierta. (Mt. 23:37-38)

Percatémonos cómo el Señor Jesús anhelaba guardar a Su pueblo. Él quería cubrirlos como una gallina reúne a sus polluelos bajo sus alas. Allí ellos habrían estado protegidos y seguros; pero no aceptaron lo que el Señor Jesús ofrecía y rechazaron Su protección. Ellos ignoraban a los profetas que Dios les enviaba y querían seguir sus propios caminos. El resultado fue que su nación fue devastada (Mt. 23:38).

La realidad del asunto es que nosotros debemos depender absolutamente de Dios para vivir y estar protegidos. Si el Señor no nos guarda, no tenemos esperanza. El mundo en el cual vivimos es un lugar espantoso. Conocemos el poder de Satanás y la maldad que nos rodea. Cada día vemos enfermedades y calamidades. Amigos y seres queridos son golpeados con enfermedades mortales. Miramos cómo perdemos miembros de la familia en tragedias inesperadas. Vemos naciones emprendiendo guerras contra otras. Las noticias están saturadas de actos de terrorismo. La maldad nos rodea y nos despoja de nuestros hijos a través de adicciones y abusos de todo tipo. El crimen y la inmoralidad llenan nuestros diarios. Satanás y sus ángeles están obrando de una manera activa en nuestras sociedades y gobiernos. ¿Quién puede proteger nuestras ciudades, familias y corazones de tal tenebrosidad? Salomón nos dice que "si el Señor no guarda la ciudad" no hay esperanza. Solo Él puede darnos esperanza en medio de tal confusión. Solo en Él está la verdadera seguridad y bendición.

Para Meditar:

¿Podríamos alguna vez sentirnos verdaderamente seguros con lo que este mundo ofrece?

¿Cuánto control tenemos sobre los sucesos de nuestras vidas?

¿Qué nos enseña Mateo 23:37 sobre el deseo del Señor Jesús de proteger y guardar a los que le pertenecen?

¿Ha experimentado usted ansiedad por las preocupaciones que enfrenta en su vida? ¿Puede usted someterse a la voluntad y al propósito de Dios, y poner su confianza en Él cuando tenga necesidades?

Para Orar:

Pidamos a Dios que nos perdone por tratar de encontrar seguridad en las cosas de este mundo. Roguémosle que nos ayude a poner nuestra confianza en Él.

Agradezcamos al Señor que, aunque nosotros no tenemos control sobre las circunstancias de nuestra vida, Él sí lo tiene y anhela guardarnos.

Agradezcamos al Señor por el tierno anhelo que tiene por nosotros. Démosle gracias porque Él desea juntarnos como la gallina junta a sus polluelos bajos sus alas.

Tomemos un momento para rendir nuestros planes y preocupaciones al Señor. Pongámoslos en Sus manos. Agradezcamos a Dios por la seguridad que Él provee al guardar de nosotros.

Capítulo 7 -
En Vano Vela la Guardia

...en vano vela la guardia (Sal. 127:1, LBLA)

Hemos visto que nuestra seguridad viene del Señor. El deseo de Dios es proteger y guardar a aquellos que le pertenecen; y nosotros tenemos el privilegio de descansar en esta protección y de confiar en Su propósito, aun cuando éste no tenga sentido.

Hay un contraste interesante en la segunda mitad del versículo 1. Veamos lo que éste nos dice:

...si el Señor no guarda la ciudad, en vano vela la guardia.
(Sal. 127:1b)

Si el Señor está guardando la ciudad, ¿por qué necesitamos un guardián? ¿No podríamos simplemente dejar las puertas abiertas y confiar en que el Señor nos guarda? Si ponemos un guardián en la puerta, ¿acaso no es señal esto de que no estamos confiando en el Señor?

Lo interesante en este versículo es que Salomón no nos está diciendo que el guardián es innecesario. Él daba por sentado que había un guardián en la puerta; y además, esperaba que el mimo estuviera alerta velando al enemigo. Sin embargo, lo que Salomón está diciendo aquí es que, si el Señor no guarda la ciudad, entonces los esfuerzos del guardián no servirían de nada. Si la voluntad del Señor fuera castigar esa ciudad, ese guardián no podría mantener lejos al enemigo.

Dios pasaría por alto los esfuerzos del guardián para llevar a cabo Su propósito en esa ciudad.

Por otro lado, si el favor del Señor estaba sobre esa ciudad, él usaría a ese guardián para advertir al pueblo sobre el peligro que se aproximaba. Él lo fortalecería y le daría la agudeza que necesitara. Aunque Dios usara al guardián, definitivamente la protección de la ciudad era más efectiva con Él que con el guardián.

Este versículo nos da un punto clave que debemos analizar. ¿Cuál es la conexión entre nuestros esfuerzos y el propósito de Dios? Salomón nos está recordando que, si el Señor no está presente en lo que hacemos, nuestros esfuerzos son en vano. Hasta cierto punto ya hemos hablado sobre esto en los capítulos 3 y 4. Pero permítanme desarrollar esta idea un poco más profunda.

Hace algún tiempo yo estaba hablándole a un líder de la iglesia. Después de hacerlo, me marché con la sensación de que él estaba diciendo: "Realmente yo no necesito estudiar; el Espíritu de Dios me mostrará lo que Él quiere que yo sepa". De una forma u otra, esto sería lo mismo que el guardián estuviese diciendo: "Yo no necesito estar vigilando hacia el horizonte en busca de señales del enemigo; el Señor nos protegerá". O podría decir: "Puedo dormir en mi puesto de trabajo, porque si Dios quiere que advierta al pueblo, Él me despertará". Salomón, quien escribió este versículo, sería el primero en situar a un guardián en la puerta, incluso aunque creyera fuertemente que Dios protegería la ciudad. También sería el primero en castigar al guardián si se durmiera en su puesto de trabajo.

Veamos la advertencia que hace el apóstol Pablo a Timoteo:

Procura con diligencia presentarte a Dios aprobado, como obrero que no tiene de qué avergonzarse, que usa bien la palabra de verdad. (2 Ti. 2:15)

Pablo exhortaba a Timoteo a dar lo mejor de sí para que fuera aprobado por Dios. Él lo desafiaba a ser un obrero que no tuviera nada de qué avergonzarse cuando se presentara ante Dios. Para esto hacía falta disciplina y esfuerzo.

Eugene Myers Harrison dijo lo siguiente cuando escribió acerca de William Carey, misionero en la India.

En una reunión de ministros él propuso que pensaran en "si el mandato que se les dio a los apóstoles de evangelizar a todas las naciones no es obligatorio para todos los ministros que han de ir hasta lo último de la tierra, teniendo en cuenta que la promesa que acompaña es de igual magnitud".

El mandato es, "Id, y enseñad a todas las naciones".

La promesa es, "He aquí, yo estoy con vosotros". ¿Tiene alguien el derecho de pasar por alto el mandato y luego, abrazar la promesa?

J. C. Ryland estaba simplemente expresando la actitud universal de la iglesia cuando impacientemente interrumpió a Carey y exclamó, "Siéntese joven, siéntese y estese quieto. Cuando Dios quiera convertir a un pagano, Él lo hará sin consultarlo ni a usted ni a mí". Carey se sentó, pero una visión de tierras lejanas y de multitudes en la oscuridad cautivó su alma, y no pudo estar quieto. (wholesome-words.org/missions/giant/biocarey2.html)

Las palabras que ese líder de la iglesia le dijo a William Carey son impactantes: "Siéntese joven, siéntese y estese quieto. Cuando Dios quiera convertir a un pagano, Él lo hará sin consultarlo ni a usted ni a mí". Aunque sabemos que Dios no está obligado a usarnos o a consultarnos, estas palabras no reflejan el propósito de Dios en las Escrituras.

El apóstol Pablo se refirió a este asunto cuando habló a los creyentes romanos:

¿Cómo, pues, invocarán a aquel en el cual no han creído? ¿Y cómo creerán en aquel de quien no han oído? ¿Y cómo oirán sin haber quien les predique? ¿Y cómo predicarán si no fueren enviados? Como está escrito: ¡Cuán hermosos son los pies de los que anuncian la paz, de los que anuncian buenas nuevas! (Ro. 10:14-15)

No podemos creer en alguien sobre el cual nunca hemos oído. No podemos oír a menos que alguien nos predique y nos hable sobre esta persona. No podemos predicar a menos que Dios nos envíe.

Observemos lo que Pablo está diciendo aquí. Somos un elemento vital en la obra que Dios está haciendo en esta tierra. Dios nos usa para predicar y enseñar a otros. Sin embargo, es importante que seamos enviados por Dios. Hay muchos que creen que van en Su nombre y no fueron enviados.

Escribiendo a la iglesia de los corintios, el apóstol Pablo le recordaba la manera en que Dios les da los dones espirituales a cada uno, a fin de que pudieran usarlos para el beneficio del cuerpo de Cristo:

Ahora bien, hay diversidad de dones, pero el Espíritu es el mismo. Y hay diversidad de ministerios, pero el Señor es el mismo. Y hay diversidad de operaciones, pero Dios, que hace todas las cosas en todos, es el mismo. Pero a cada uno le es dada la manifestación del Espíritu para provecho.

Porque a éste es dada por el Espíritu palabra de sabiduría; a otro, palabra de ciencia según el mismo Espíritu; a otro, fe por el mismo Espíritu; y a otro, dones de sanidades por el mismo Espíritu. A otro, el hacer milagros; a otro, profecía; a otro, discernimiento de espíritus; a otro, diversos géneros de lenguas; y a otro, interpretación de lenguas. Pero todas estas cosas las hace uno y el mismo Espíritu, repartiendo a cada uno en particular como él quiere. (1 Co. 12:4-11)

Para llevar a cabo Su propósito en la iglesia, Dios ha colocado a Su Espíritu en cada creyente. El Espíritu Santo capacita a cada persona para ministrar de una manera especial, a fin de que el reino de Dios sea expandido. Él obra a través de nosotros para llevar a cabo Su propósito.

En el libro de Ester leemos cómo Amán tramó la destrucción de la nación judía. Ester era la esposa judía del rey persa Asuero, y ocupaba un lugar de muchísima influencia. Cuando Amán envió la orden a los habitantes de las tierras del rey Asuero, el tío de Ester habló con ella y le pidió que fuera al rey para buscar una solución con el fin de salvar a su pueblo. Cuando Ester titubeó, su tío Mardoqueo le dijo:

Porque si callas absolutamente en este tiempo, respiro y liberación vendrá de alguna otra parte para los judíos; mas tú y la casa de tu padre pereceréis. ¿Y quién sabe si para esta hora has llegado al reino? (Est. 4:14)

Dios colocó a Ester en el lugar en que ella necesitaba estar para llevar a cabo Su propósito divino. Ella era un instrumento en las manos de Dios para traer la salvación a la nación.

Hay una conexión muy íntima entre Dios y Su pueblo. Esto se encuentra mejor ilustrado en las palabras de Jesús en Juan 15:

Permaneced en mí, y yo en vosotros. Como el pámpano no puede llevar fruto por sí mismo, si no permanece en la vid, así tampoco vosotros, si no permanecéis en mí. Yo soy la vid, vosotros los pámpanos; el que permanece en mí, y yo en él, éste lleva mucho fruto; porque separados de mí nada podéis hacer. El que en mí no permanece, será echado fuera como pámpano, y se secará; y los recogen, y los echan en el fuego, y arden. (Jn. 15:4-6)

Jesús describe que existe una conexión tan profunda entre la vid y las ramas, de tal modo que son uno en sus esfuerzos. Los pámpanos reciben la fortaleza de la vid y actúan a su favor al producir frutos. Los pámpanos no pueden sobrevivir apartados de la vid; están diseñados para servir al propósito de la vid, y no pueden actuar de manera independiente. Este es el tipo de relación que el Señor quiere tener con nosotros.

El guardián es el instrumento que Dios usa para proteger la ciudad. El guardián permanece alerta porque es el instrumento de Dios. Él lleva a cabo el propósito de Dios en la protección de la ciudad. De la misma manera, nosotros también somos Sus instrumentos. Él nos empodera y nos guía a Su propósito, capacitándonos para hacer lo que Él ha escogido que nosotros hagamos.

El apóstol Pablo se auto-disciplinaba porque él representaba a Dios en este mundo.

Más bien, pongo mi cuerpo bajo disciplina y lo hago obedecer; no sea que, después de haber predicado a otros, yo mismo venga a ser descalificado. (1 Co. 9:27, RVA)

Saber que era siervo de Dios hizo que Pablo quisiera disciplinarse a sí mismo. Él quería ser un buen representante. No quería ser hallado durmiendo en el trabajo. Él estaba orgulloso de ser llamado por Dios a servirle de este modo, y quería vivir de manera tal que Dios fuera honrado en su vida.

No existe contradicción entre Dios guardando la ciudad y el guardián manteniéndose alerta. El apóstol Pedro desafiaba a sus lectores a estar vigilantes:

Sed sobrios, y velad; porque vuestro adversario el diablo, como león rugiente, anda alrededor buscando a quien devorar. Al cual resistid firmes en la fe, sabiendo que los mismos padecimientos se van cumpliendo en vuestros hermanos en todo el mundo. (1 P. 5:8-9)

Si queremos ser instrumentos útiles en las manos del Señor, necesitaremos estar alertas. Tenemos un enemigo que procura destruirnos. Él no se detendrá ante nada para penetrar nuestra posición y devorarnos. Pedro nos llama a velar al enemigo y a resistir sus ataques. Y lo hacemos para no ser "descalificados" en el camino que tenemos por delante (ver 1 Corintios 9:27).

¡Qué privilegio es ser un instrumento en las manos de Dios! ¡Qué bendición es experimentar Su poder y dirección! Aquellos que saben que han sido llamados y preparados para servir, estarán vigilantes y alertas. Es su mayor deseo honrar a su Señor y llevar a cabo Su propósito. Ellos irán sirviendo fielmente y con valor, debido a que Dios está dirigiéndolos y protegiéndolos.

Para Meditar:

Si el Señor está guardando la ciudad, ¿por qué necesitamos un guardián?

¿Qué nos enseñan las Escrituras sobre la importancia de estar alertas y ser disciplinados?

¿Oirán las personas el evangelio si nadie les habla? ¿Creerán ellos verdaderamente si Dios no empodera nuestras palabras?

¿Por qué Dios reparte dones espirituales?

¿Qué nos enseña la ilustración que Jesús dijo sobre la vid y los pámpanos en cuanto a la manera en que Dios quiere usarnos para llevar a cabo Su propósito?

Para Orar:

Agradezcamos al Señor que Él nos usa como instrumentos para llevar a cabo Su propósito.

Agradezcamos que cuando Él nos llama, también nos capacita para hacer aquello para lo cual nos ha llamado.

Pidamos al Señor nos dé más valentía para andar en Su propósito para nuestras vidas.

Pidamos a Dios nos ayude a darnos cuenta que, si Él no está presente en lo que hacemos, nuestros esfuerzos son en vano. Roguemos que nos ayude a conocer Su dirección y Su propósito para nuestras vidas.

Capítulo 8 - Levantarse de Madrugada y Acostarse Tarde

Es en vano que os levantéis de madrugada, que os acostéis tarde.Sal. 127:2, LBLA)

Salomón ha estado recordándonos que el Señor edifica la ciudad y la guarda. Pero en el versículo 2 él aplica esta verdad a la vida. ¿Cómo deberíamos responder al conocer que Dios está edificando la casa y guardando la ciudad? Primero Salomón nos dice que si Dios está edificando la casa y guardando la ciudad, entonces es en vano levantarse temprano y acostarse tarde. Dediquemos un momento a analizar lo que Salomón nos está diciendo en este texto.

¿Qué cosas nos llevan a levantarnos temprano y a acostarnos tarde en la noche? Pueden existir muchas razones, pero el contexto del versículo dos indica que esto estaba relacionado con la ansiedad. Salomón habla en este contexto sobre aquellos que tienen grandes responsabilidades y piensan que deben trabajar duro y bastante porque todo depende de sus esfuerzos. En el próximo capítulo hablaremos acerca de este trabajo afanoso.

Para nosotros sería muy fácil dar por sentado que, si Dios está edificando la casa y guardando la ciudad, entonces no tenemos nada que hacer excepto descansar y cosechar los beneficios de lo que Dios está haciendo. En estos últimos años, hemos visto cómo la fe sacrificial se está convirtiendo en una fe egocéntrica. Algunas veces les decimos a las personas que si vienen a Cristo todos sus problemas se irán. Las personas de los días de Jesús vinieron a Él buscando sanidad y alimentos; y cuando lo crucificaron, le dieron la espalda. Todavía hay gente que viene a Cristo solamente por lo que pueden sacar de Él. Cuando ellos descubren que existen dificultades a lo largo del camino, lo abandonan.

Salomón les dijo a sus lectores en Proverbios 6:

Ve a la hormiga, oh perezoso, Mira sus caminos, y sé sabio; La cual no teniendo capitán, Ni gobernador, ni señor, Prepara en el verano su comida, Y recoge en el tiempo de la siega su mantenimiento. Perezoso, ¿hasta cuándo has de dormir? ¿Cuándo te levantarás de tu sueño? Un poco de sueño, un poco de dormitar, Y cruzar por un poco las manos para reposo; Así vendrá tu necesidad como caminante, Y tu pobreza como hombre armado. (Pr. 6:6-11)

Salomón desafiaba a las personas perezosas a que reflexionaran en el arduo trabajo de las hormigas, que reunían el alimento durante el verano para cuando llegara el tiempo de necesidad en el invierno. Él los instaba a levantarse temprano y a trabajar, no fuera que la pobreza los sorprendiera a ellos y a sus familias.

En Proverbios 31, el rey Lemuel habla de las cualidades de una esposa excelente. Percatémonos lo que dice acerca de ella:

El corazón de su marido está en ella confiado, Y no carecerá de ganancias. Le da ella bien y no mal Todos los días de su vida. Busca lana y lino, Y con voluntad trabaja con sus manos. Es como nave de mercader; Trae su pan de lejos. Se levanta aun de noche Y da comida a su familia Y ración a sus criadas. (Pr. 31:11-15)

Observemos el versículo 15, el cual habla sobre el arduo trabajo de esta esposa que se levanta antes del amanecer para preparar la comida para la familia.

El evangelio que Jesús predicó no siempre fue fácil de aceptar por las personas de Su tiempo. Veamos Sus palabras según lo relata Lucas 14:

Si alguno viene a mí, y no aborrece a su padre, y madre, y mujer, e hijos, y hermanos, y hermanas, y aun también su propia vida, no puede ser mi discípulo. Y el que no lleva su cruz y viene en pos de mí, no puede ser mi discípulo. Porque ¿quién de vosotros, queriendo edificar una torre, no se sienta primero y calcula los gastos, a ver si tiene lo que necesita para acabarla? No sea que después que haya puesto el cimiento, y no pueda acabarla, todos los que lo vean comiencen a hacer burla de él, diciendo: Este hombre comenzó a edificar, y no pudo acabar. (Lc. 14:26-30)

El evangelio que Jesús predicaba era un mensaje de sacrificio y entrega. Aquellos que lo seguían debían calcular los riesgos que implicaba ser un discípulo. Cuando Jesús llamó a Sus primeros discípulos, ellos dejaron sus redes y sus familias para seguirle. El apóstol Pablo describió su vida y ministerio a los corintios cuando dijo:

¿Son ministros de Cristo? (Como si estuviera loco hablo.) Yo más; en trabajos más abundante; en azotes sin número; en cárceles más; en peligros de muerte muchas veces. De los judíos cinco veces he recibido cuarenta azotes menos uno. Tres veces he sido azotado con varas; una vez apedreado; tres veces he padecido naufragio; una noche y

un día he estado como náufrago en alta mar; en caminos muchas veces; en peligros de ríos, peligros de ladrones, peligros de los de mi nación, peligros de los gentiles, peligros en la ciudad, peligros en el desierto, peligros en el mar, peligros entre falsos hermanos; en trabajo y fatiga, en muchos desvelos, en hambre y sed, en muchos ayunos, en frío y en desnudez. (2 Co. 11:23-27)

Para Pablo la vida cristiana no fue fácil. Él sirvió al Señor "en trabajo y fatiga". Pablo advertía a los otros creyentes sobre la vagancia, animándolos a cada uno a trabajar para ganarse la vida.

Porque también cuando estábamos con vosotros, os ordenábamos esto: Si alguno no quiere trabajar, tampoco coma. Porque oímos que algunos de entre vosotros andan desordenadamente, no trabajando en nada, sino entremetiéndose en lo ajeno. A los tales mandamos y exhortamos por nuestro Señor Jesucristo, que trabajando sosegadamente, coman su propio pan. (2 Ts. 3:10-12)

Pablo fue mucho más drástico al decir que la persona que podía trabajar para su supervivencia y no lo hacía, no merecía comer. Esto implicaba que la iglesia no debía proveer para esta persona porque era a causa de su holgazanería que se encontraba en necesidad. De hecho, la iglesia debía mantenerse alejada de aquel hermano que no trabajara para proveer para su familia.

Hermanos, en el nombre del Señor Jesucristo les ordenamos que se aparten de todo hermano que esté viviendo como un vago y no según las enseñanzas recibidas de nosotros. (2 Ts. 3:6, NVI)

Era un pecado que alguien no trabajara duro ni proveyera para su familia. Aquellos que se negaban a trabajar por holgazanería debían ser disciplinados para que no influyeran sobre el resto de la iglesia.

Habiendo visto lo que las Escrituras enseñan sobre el arduo trabajo y el servicio sacrificial, ¿cómo debemos entender lo que Salomón escribe en el Salmo 127:2 acerca de levantarse temprano y acostarse tarde? ¿Cómo debemos evaluar lo que Salomón dice, teniendo en cuenta lo que enseña el resto de las Escrituras? Permítame decirle unas pocas cosas al respecto a modo de explicación.

CONOCIENDO NUESTRAS LIMITACIONES

En este contexto Salomón nos ha estado diciendo que, si el Señor no edifica la casa, nuestros esfuerzos son en vano. Nos ha estado enseñando que, si Dios no guarda la ciudad, en vano velaremos nosotros. Nosotros no somos Dios. Hay cosas que simplemente no podemos hacer. Aquellos que se levantan temprano y se acuestan tarde creyendo que todo depende de sus esfuerzos se engañan a sí mismos y no conocen sus limitaciones. Yo admito que a menudo he perdido el sueño por cosas que no pude controlar o resolver. Esto nos lleva al segundo punto.

CONFIANDO EN DIOS

El segundo punto que necesitamos ver es que Salomón nos está llamando a confiar en Dios. Ciertamente, nosotros debemos esforzarnos, pero ese arduo trabajo puede llevarnos a creer que todo depende de nosotros. Este sencillamente no es el caso. Si Dios no nos guía en nuestro trabajo, nuestra labor es en vano. Debemos confiar en Él.

Dios quiere que aprendamos a confiar en Él en medio de nuestros quehaceres diarios. Para reforzar este principio de la confianza en Él, Dios instituyó la ley sabática del Antiguo Testamento. Cada semana, durante todo el día, Dios demandaba que Su pueblo cesara de trabajar y lo buscara. Esto significaba que había un día menos para cumplir con lo que debía hacerse en la semana.

Sin embargo, la ley sabática no se limitó solo al séptimo día. Cada siete años, a Israel se le prohibía plantar sus campos. Durante ese año completo los campos estaban en barbecho (la tierra descansaba para regenerarse). Durante ese año, el pueblo de Dios debía confiar en que Él iba a proveer para sus necesidades. En las culturas donde no hay muchas necesidades, a menudo se hace difícil entender la milagrosa provisión de Dios. Es fácil pasar por alto el hecho de que Dios es un Proveedor maravilloso cuando recibimos atención médica gratuita, cuando la educación para nuestros hijos es gratuita y obligatoria, e incluso cuando perdemos nuestro trabajo y el gobierno se encarga de nosotros.

A veces ponemos nuestra confianza en nuestro gobierno para que nos provea y no somos capaces de ver la provisión del Señor. En parte, este era el propósito de la ley sabática. Dios quería que Su pueblo experimentara la confianza en Él y en Su provisión. Él no quería que ellos perdieran de vista la fuente de sus bendiciones.

Dios demandaba que Israel tomara un descanso de sus labores en esos días y recordara quién estaba en control. Este descanso le recordaba al pueblo que el Señor era su Proveedor. ¿Puede usted descansar en el Señor cuando el trabajo del día se termina? ¿Puede usted confiar en que lo que no pudo realizar está en Sus manos? ¿Puede usted acostarse confiadamente sabiendo que el Señor soberano proveerá una manera para que usted haga todo lo que Él le ha llamado a hacer? ¿Puede usted dormir apaciblemente sabiendo esto?

¿Puede usted confiar cada día en el propósito de Dios? Todos nosotros hemos tenido días en que simplemente las cosas no han salido como esperábamos. ¿Podemos confiar que incluso, aunque no tenemos el control sobre estos sucesos, el Señor se encargará de los detalles? ¿Puede usted descansar por la noche con la confianza de que Dios le da gracia y sabiduría para tratar con estas situaciones, o se verá obligado a levantarse temprano para tomar estos asuntos en sus propias manos otra vez? Salomón nos llama a descansar en la capacidad de Dios. Él nos llama a confiar en el Señor en todo lo que hagamos.

CONTENTÁNDONOS CON EL PROPÓSITO DE DIOS

Por último, en esta frase Salomón nos desafía a contentarnos con el propósito de Dios. Cuando nos comprometemos a que Dios nos guie y nos dirija cada día, debemos dejarle los resultados a Él. Con mucha frecuencia tenemos nuestras propias ideas de lo que queremos lograr y cómo queremos complementar nuestros proyectos. Establecemos nuestras metas, y cuando no las alcanzamos nos frustramos. Esa frustración puede llevarnos a sobre esforzarnos para lograr las cosas. Pero si lo que estamos tratando de hacer no está dentro de los propósitos de Dios, esos esfuerzos son en vano.

Hace muchos años, yo estaba sentado en una cafetería trabajando en un capítulo de un libro que estaba escribiendo. Trabajé durante toda la mañana, y justo cuando estaba terminando, inexplicablemente mi computadora se apagó. Cuando la encendí otra vez descubrí que había perdido todo el trabajo que había hecho. Me sentí frustrado e inmediatamente oré: "Señor, ¿por qué pasó esto? Te estoy sirviendo a ti, pero ahora volveré a casa con una mañana de trabajo completa en vano". El Señor habló a mi corazón esa mañana. Sentí que me preguntó: "¿Has sido obediente?". Por un momento pensé en eso y me di cuenta de que yo había sido llamado a escribir, y eso era exactamente lo que había hecho en esa mañana. Cuando reflexioné en esa idea, toda mi actitud cambió. Yo había hecho lo que Dios me había pedido que hiciera. Sí, volvería a casa sin nada qué mostrar, pero había sido fiel. Entonces, la ansiedad y el estrés fueron pasando. Ese día volví a casa sin nada excepto con la convicción de que había sido fiel, y una importante lección ardió en mi corazón: Dios está buscando más obediencia que resultados. Saber que yo había sido fiel me permitió aceptar lo que Dios había permitido que me pasara.

El Salmo 127:2 no se trata de quedarse en la cama todo el día sin hacer nada; sino de nuestra actitud y confianza en Dios y en Su propósito. ¿Estaremos ansiosos, o confiaremos en Dios? ¿Descansaremos bien durante la noche sabiendo que definitivamente Dios está en control? ¿Iremos a dormir creyendo que todo depende de nosotros, o descasaremos confiadamente en Dios y en Su propósito?

Para Meditar:

¿Si Dios es quien edifica la casa, ¿tenemos nosotros alguna responsabilidad en ello?

¿Qué nos enseña la Biblia sobre la importancia del arduo trabajo y el sacrificio voluntario?

¿Qué tiene Pablo que decirnos acerca de aquellos que son holgazanes y que no quieren trabajar?

¿Si el descanso no es la ausencia de trabajo, entonces, ¿qué es?

¿Alguna vez ha tenido usted momentos en que sus esfuerzos reflejaron que no estaba confiando en Dios o sometiéndose a Su propósito, sino que estaba forzando su propio plan?

Para Orar:

Pidamos a Dios nos dé la disciplina de trabajar arduamente en Su propósito.

Pidamos a Dios nos ayude a confiar en Él y en Su propósito. Roguemos que nos perdone por las veces en que creímos en nuestro corazón que todo dependía de nosotros.

Démosle gracias al Señor porque Él está en control de nuestra situación. Pidámosle que nos ayude a conocer nuestras limitaciones. Pongamos en Sus manos las cosas que no podemos hacer.

Pidamos a Dios nos dé descanso en medio de nuestro trabajo a medida que confiamos en Él y en Su propósito.

Capítulo 9 -
El Pan de Afanosa Labor

Es en vano que os levantéis de madrugada, que os acostéis tarde, que comáis el pan de afanosa labor. Sal. 127:2, LBLA)

En la primer parte del versículo dos, Salomón le dijo a sus lectores que levantarse de madrugada y acostarse tarde no los beneficiaba si ellos no confiaban en Dios. El contexto del versículo indica la razón por la cual levantarse temprano y acostarse tarde es causa de "afanosa labor". En este capítulo me gustaría analizar de qué se trata esta "afanosa labor".

La palabra hebrea que se traduce como "afanosa" aparece varias veces en el Antiguo Testamento. Por ejemplo, en Génesis leemos.

A la mujer dijo: Multiplicaré en gran manera los dolores en tus preñeces; con dolor darás a luz los hijos… (Gn. 3:16)

Aquí hay una frase significativa y es: "con dolor darás a luz los hijos". La palabra "dolor" es la misma palabra hebrea que en el Salmo 127:2 se traduce como "afanosa labor". En este caso, la palabra se refiere al esfuerzo físico y emocional que pasa una mujer al dar a luz a un hijo.

Hablando a Adán en Génesis 3:17, Dios dice:

Y al hombre dijo: Por cuanto obedeciste a la voz de tu mujer, y comiste del árbol de que te mandé diciendo: No comerás de él; maldita será la tierra por tu causa; con dolor comerás de ella todos los días de tu vida. (Gn. 3:17).

El Señor le dijo a Adán que él tendría que labrar la tierra con dolor todos los días de su vida. La palabra que se traduce como "dolor" nuevamente está relacionada a la palabra hebrea que significa "afanosa labor" en el Salmo 127:2. Dios había maldecido la tierra que Adán cultivaba. Adán tenía que trabajar duro para cosechar el fruto, y sus esfuerzos serían frustrados por las malas hierbas, depredadores, el clima y las condiciones desmejoradas del suelo.

Salomón usa esta misma palabra en Proverbios 15:1 cuando dice:

La blanda respuesta quita la ira; Mas la palabra áspera hace subir el furor.

En este versículo Salomón nos dice que la palabra "áspera" hace subir el furor. La palabra hebrea traducida como "áspera" en este versículo es la misma que en el Salmo 127:2 se traduce como "afanosa labor".

Tomando como base estos usos de la palabra, entendemos que la afanosa labor de la que Salomón habla en el Salmo 127:2 es una labor que puede causar esfuerzo físico y emocional. Debemos tener cuidado de no confundir el hecho de sufrir por la causa del Señor y la afanosa labor a la cual Salomón se refiere aquí. Como creyentes estamos llamados a sufrir por la causa del Señor. El apóstol Pedro nos dice que no nos debemos sorprender cuando enfrentemos pruebas de fuego por nuestro Señor.

Amados, no os sorprendáis del fuego de prueba que os ha sobrevenido, como si alguna cosa extraña os aconteciese, sino gozaos por cuanto sois participantes de los padecimientos de Cristo, para que también en la revelación de su gloria os gocéis con gran alegría. (1 P. 4:12-13)

Escribiendo a Timoteo, el apóstol Pablo dijo:

Y también todos los que quieren vivir piadosamente en Cristo Jesús padecerán persecución. (2 Ti. 3:12)

Nuestro servicio por el Señor nos causará esfuerzo físico y emocional. De hecho, algunas personas sufrirán gran fatiga física y emocional en su servicio a Dios. Sin embargo, este tipo de sufrimiento por Cristo no es al que Salomón se refiere en este pasaje.

En el Salmo 127:2 Salomón se refiere a la "afanosa labor". Este tipo de labor también puede causarnos fatiga física y emocional, pero no es el resultado de ser perseguido por nuestra fe. Analicemos el ejemplo de Marta en el Nuevo Testamento.

Aconteció que yendo de camino, entró en una aldea; y una mujer llamada Marta le recibió en su casa. Esta tenía una hermana que se llamaba María, la cual, sentándose a los pies de Jesús, oía su palabra. Pero Marta se preocupaba con muchos quehaceres, y acercándose, dijo: Señor, ¿no te da cuidado que mi hermana me deje servir sola? Dile, pues, que me ayude. Respondiendo Jesús, le dijo: Marta, Marta, afanada y turbada estás con muchas cosas. Pero sólo una cosa es necesaria; y María ha escogido la buena parte, la cual no le será quitada. (Lc. 10:38-42)

Observemos cómo Jesús le dijo a Marta que ella estaba "afanada y turbada con muchas cosas". Había una ansiedad excesiva en sus esfuerzos que la atormentaba y le causaba sufrimiento físico y emocional. Lucas 10:40 nos dice que Marta se "preocupaba con muchos quehaceres". En otras palabras, las obligaciones que tenía le demandaban tanta atención que estaba perdiendo el enfoque.

Marta se enojó con su hermana María la cual se había acercado al Señor y se había sentado a Sus pies para escucharlo. Aunque Marta debería haber estado feliz por su hermana, ahora estaba muy celosa y enojada con ella. María estaba apaciblemente escuchando al Señor, pero Marta estaba corriendo de un quehacer a otro. Ella empezó a resentirse por el hecho de que María estaba descansando sosegadamente a los pies de Jesús.

Es importante que nos percatemos aquí que el servicio que Marta le ofreció al Señor también pudo haber sido calmado y relajado, pero no lo fue. A menudo, yo he estado extremadamente ocupado, pero he sentido una profunda paz en mi corazón en medio de todo el proceso. El problema de Marta era que ella había dejado que sus responsabilidades la desenfocaran del Señor. Ya no estaba experimentando Su presencia en el trabajo que ella hacía. Su objetivo no era el Señor, sino cumplir con las tareas que tenía pendiente. Como verá, ella pudo experimentar la profunda presencia del Señor en su servicio, tal y como María lo hacía sentada quietamente a los pies de Jesús, pero su "afanosa labor" la privó de ese privilegio.

Marta también comenzó a sentir traición. Veamos lo que ella le dijo al Señor ese día: "Señor, ¿no te da cuidado que mi hermana me deje servir sola?" (Lc. 10:40). Ella esperaba que María la ayudara con los preparativos, y como esto no sucedió, se sintió traicionada por su hermana. También cuestionó el cuidado del Señor hacia ella cuando dice: "Señor, ¿no te da cuidado…". Ella había perdido todo sentido de la presencia y el cuidado del Señor. Si el trabajo debía hacerse, tenía que ser ella quien lo hiciera. Su ansiedad la llevó a dudar de la ayuda y el cuidado de su Padre Celestial.

La ansiedad que ella experimentó fue el fruto de haber desviado su atención del Señor. Fue el resultado de perder el enfoque en Cristo y permitir que las responsabilidades ocuparan Su lugar. Ya ella no podía ver al Señor, sino sus esfuerzos solamente; y esto resultó en pensamientos y actitudes de ansiedad que comenzaron a ocupar su corazón alejándola de Cristo.

Jesús no le dijo a Marta que ella no debía haberle ofrecido hospitalidad a Él y a Sus discípulos. Él no censuró sus esfuerzos; sin embargo, lo que sí censuró fue la ansiedad que había tomado el control de sus pensamientos, provocando que el enojo hacia Él y hacia su hermana María la golpearan.

La afanosa labor nos envuelve cuando nos desenfocamos del Señor y Sus propósitos. Esto causa fatiga emocional y física, y nos priva de ver a Cristo y Su control sobre nuestra situación.

Hay un último detalle en este pasaje que me gustaría señalar. Percatémonos que Salomón habló de comer el pan de afanosa labor. ¿Cuál es este pan de afanosa labor? Es el pan de la desconfianza, de la distracción. Es el pan que alimenta nuestras ansiedades y nos lleva a cuestionar el propósito de Dios y Su presencia. Si continuamos deleitándonos con este pan al alimentar nuestra ansiedad, no puede haber ni paz ni descanso. Éste tiene que ser eliminado de nuestra dieta, y en su lugar debemos colocar el pan de la esperanza y la confianza. Debemos deleitarnos con el pan de la fe y la obediencia. Solamente este pan alimentará nuestra alma y abrirá nuestros ojos a la presencia y al control de Dios en medio de nuestros esfuerzos y circunstancias. Que Dios nos dé paz a medida que le entregamos nuestras ansiedades para servirle con corazones llenos de confianza en Él y en Su propósito. Dios permita que nos acostemos por la noche confiando en nuestros corazones en que Él está en control y que está guardando Su casa.

Para Meditar:

¿Qué es la afanosa labor?

¿Qué cosas provocan que trabajemos con afán?

¿Es posible que las buenas obras se conviertan en afanosa labor? ¿Cuál fue la solución que Jesús le ofreció a Marta?

¿Cuál es la diferencia entre sufrir por el Señor y la afanosa labor?

¿Por qué es difícil descansar cuando estamos comiendo el pan de afanosa labor?

¿De qué manera evitamos que nuestros ministerios y esfuerzos personales se conviertan en afanosa labor?

Para Orar:

Pidamos al Señor que nos ayude a confiar en Él cuando las cosas se vuelven agobiantes.

¿Se ha visto usted experimentando afanosa labor? Pida al Señor que le revele Su presencia y Su propósito. Pídale que le dé descanso.

Agradezcamos al Señor porque podemos contar con Él y Su propósito para nuestras vidas. Agradezcámosle que podemos experimentar Su presencia aun en medio de grandes batallas y conflictos.

Capítulo 10 - Descanso Para sus Amados

...Pues que a su amado dará Dios el sueño. (Sal. 127:2)

En este estudio del Salmo 127:2 hemos visto que Dios está en el proceso de construir Su reino. También vimos que Él guarda la obra de Sus manos para protegerla y sostenerla. Dios no abandona aquello en lo cual invierte. Aquellos en quienes Dios ha comenzado una obra pueden estar seguros de que Él la protegerá y sostendrá (ver Fil. 1:6). El apóstol Pablo les dijo a los efesios:

En él también vosotros, habiendo oído la palabra de verdad, el evangelio de vuestra salvación, y habiendo creído en él, fuisteis sellados con el Espíritu Santo de la promesa, que es las arras de nuestra herencia hasta la redención de la posesión adquirida, para alabanza de su gloria. (Ef. 1:13-14)

El Espíritu Santo garantiza nuestra herencia hasta que tomemos posesión de la misma. Él no nos dejará o abandonará hasta que hayamos obtenido lo que Dios destinó para nosotros.

En la última parte del versículo 2 vemos que Dios no solo está obrando a favor nuestro y guardándonos, sino que Él también nos ama. Observemos que dice "Su amado". Esta es la motivación que impulsa la obra de Dios a nuestro favor. Él obra por nosotros y nos guarda debido a Su gran amor hacia nosotros. Veamos qué le dijo el Señor al pueblo de Israel por medio de Moisés:

Porque tú eres pueblo santo para Jehová tu Dios; Jehová tu Dios te ha escogido para serle un pueblo especial, más que todos los pueblos que están sobre la tierra. No por ser vosotros más que todos los pueblos os ha querido Jehová y os ha escogido, pues vosotros erais el más insignificante de todos los pueblos; sino por cuanto Jehová os amó, y quiso guardar el juramento que juró a vuestros padres, os ha sacado Jehová con mano poderosa, y os ha rescatado de servidumbre, de la mano de Faraón rey de Egipto. Conoce, pues, que Jehová tu Dios es Dios, Dios fiel, que guarda el pacto y la misericordia a los que le aman y guardan sus mandamientos, hasta mil generaciones. (Dt. 7:6-9)

Fue a causa de Su amor por Israel que Dios los redimió de la esclavitud y los guió a la Tierra Prometida a través del desierto. Israel podía estar seguro de que la misericordia de Dios los acompañaría durante miles de generaciones. Fue este mismo amor el que hizo que el Señor Jesús sacrificara Su vida por nosotros en la cruz.

Porque de tal manera amó Dios al mundo, que ha dado a su Hijo unigénito, para que todo aquel que en él cree, no se pierda, mas tenga vida eterna. (Jn. 3:16)

Analicemos lo que Salomón le está diciendo a sus lectores en este versículo. Dios, el gran Creador, los está llamando Sus "amados". Él está obrando a favor de ellos y guardándolos como una demostración de ese maravilloso amor. El apóstol Pablo, escribiendo a los romanos, dijo:

¿Qué, pues, diremos a esto? Si Dios es por nosotros, ¿quién contra nosotros? El que no escatimó ni a su propio

Hijo, sino que lo entregó por todos nosotros, ¿cómo no nos dará también con él todas las cosas? ¿Quién acusará a los escogidos de Dios? Dios es el que justifica. ¿Quién es el que condenará? Cristo es el que murió; más aun, el que también resucitó, el que además está a la diestra de Dios, el que también intercede por nosotros. ¿Quién nos separará del amor de Cristo? ¿Tribulación, o angustia, o persecución, o hambre, o desnudez, o peligro, o espada? Como está escrito: Por causa de ti somos muertos todo el tiempo; somos contados como ovejas de matadero. Antes, en todas estas cosas somos más que vencedores por medio de aquel que nos amó. (Ro. 8:31-37)

"Si Dios es por nosotros, ¿quién contra nosotros?" Si Dios envió a Su Hijo a morir por nosotros, ¿qué puede hacernos cualquier ser humano? Si Dios obra a nuestro favor, nuestra victoria es segura. De hecho, somos "más que vencedores por medio de aquel que nos amó".

¿Cuál es el resultado natural de conocer este tipo de seguridad? Aquellos que saben que están seguros pueden descansar en paz. Salomón nos dice en el versículo 2 que a su amado dará Dios el sueño.

Veamos las palabras de David, el padre de Salomón, quién experimentó su porción de problemas en la vida:

En paz me acostaré, y asimismo dormiré; Porque solo tú, Jehová, me haces vivir confiado. (Sal. 4:8)

A pesar de sus muchas responsabilidades y de los enemigos que lo perseguían, David fue capaz de dormir por las noches seguro del maravilloso amor de Dios. Él sabía que Dios lo sostendría y lo protegería. Esto es una bendición para los que son amados por Dios —ellos pueden descansar confiadamente en Su cuidado.

En Éxodo 33 el Señor le dijo a Moisés que había decidido enviar a Israel a la Tierra Prometida, y que a pesar de que Su ángel iría delante de ellos para guiarlos, Su presencia como tal no iría con ellos. Dios le dijo a Moisés que debido a que el pueblo era tan pecador, Él podría consumirlos en el camino. Esta noticia afligió a Moisés, el cual fue a Dios y le rogó que fuera personalmente con ellos.

Y dijo Moisés a Jehová: Mira, tú me dices a mí: Saca este pueblo; y tú no me has declarado a quién enviarás conmigo. Sin embargo, tú dices: Yo te he conocido por tu nombre, y has hallado también gracia en mis ojos. Ahora, pues, si he hallado gracia en tus ojos, te ruego que me muestres ahora tu camino, para que te conozca, y halle gracia en tus ojos; y mira que esta gente es pueblo tuyo. (Éx. 33:12-13)

Percatémonos en este pasaje de la preocupación de Moisés. Él no quería guiar al pueblo hacia la Tierra Prometida por sí solo. Él necesitaba el favor de Dios y Su bendición en el trayecto. De hecho, Moisés no podía imaginarse guiando al pueblo a la Tierra Prometida si la presencia de Dios no estaba con ellos. Esto le causó a Moisés una gran preocupación. Dios escuchó la oración de Su siervo y respondió:

Mi presencia irá contigo, y te daré descanso. (Éx. 33:14)

Observemos particularmente que Dios le dijo a Moisés que Él le daría descanso. Al final, este descanso sería para el pueblo cuando llegaran a su propia tierra. Sin embargo, Moisés nunca entraría a la Tierra Prometida. El descanso que Dios le dio fue el descanso para su mente y alma desanimadas. Dios proveyó descanso para Moisés al asegurarle Su presencia y dirección en todo el camino hacia la Tierra Prometida.

Leamos la invitación de Jesús en Mateo 11:

Venid a mí todos los que estáis trabajados y cargados, y yo os haré descansa. (Mt. 11:28)

Jesús le promete descanso a todo aquel que venga a Él. Este descanso es un alivio de la carga del pecado; es el descanso del alma; es el descanso que llega cuando entendemos lo que Pablo dijo en Romanos 8:

Y sabemos que a los que aman a Dios, todas las cosas les ayudan a bien, esto es, a los que conforme a su propósito son llamados. (Ro. 8:28)

Es el descanso que sentimos cuando declaramos como Jeremías:

Oh Señor Jehová! he aquí que tú hiciste el cielo y la tierra con tu gran poder, y con tu brazo extendido, ni hay nada que sea difícil para ti. (Jer. 32:17)

En 2 Reyes 6 vemos cómo el rey de Siria estaba en guerra con Israel. Sin embargo, este rey sirio se turbó en sus intentos de derrotar a Israel, porque parecía que cada vez que él tenía un plan, Israel escapaba de su captura. De hecho, él llegó a creer que había algún espía que le filtraba la información a Israel. Cuando le preguntó a su pueblo al respecto, ellos le dijeron que el problema radicaba en el profeta Eliseo, quien escuchaba lo que Dios decía y le pasaba la información al rey de Israel. Cuando el rey de Siria escuchó sobre el profeta Eliseo, envió la orden de que lo apresaran.

Temprano en la mañana los sirios se acercaron al lugar donde Eliseo y su siervo dormían. Cuando el siervo de Eliseo se levantó en la mañana, salió y vio un gran ejército con carros de guerra que rodeaban la ciudad. Él estaba atemorizado y regresó a decirle a Eliseo lo que había visto. Veamos el intercambio entre Eliseo y su siervo en 2 Reyes 6:

Y se levantó de mañana y salió el que servía al varón de Dios, y he aquí el ejército que tenía sitiada la ciudad, con gente de a caballo y carros. Entonces su criado le dijo: ¡Ah, señor mío! ¿qué haremos? El le dijo: No tengas miedo, porque más son los que están con nosotros que los que están con ellos. Y oró Eliseo, y dijo: Te ruego, oh Jehová, que abras sus ojos para que vea. Entonces Jehová abrió los ojos del criado, y miró; y he aquí que el monte estaba lleno de gente de a caballo, y de carros de fuego alrededor de Eliseo. (2 R. 6:15-17)

Eliseo veía lo que su siervo no podía ver. Veía la montaña llena del ejército del Señor guardando de ellos. Eliseo durmió esa noche confiado de que Dios estaba cuidando de ellos; y demostró una increíble paz y confianza en Dios. Su alma descansaba aun cuando el ejército sirio los rodeaba.

El apóstol Juan les recuerda a sus lectores que al final de los tiempos habría muchos engañadores procurando confundir al pueblo de Dios. Sin embargo, él les aseguraba que aquel que estaba en ellos era mayor que el que estaba en el mundo.

Hijitos, vosotros sois de Dios, y los habéis vencido; porque mayor es el que está en vosotros, que el que está en el mundo. (1 Jn. 4:4)

Cuando Salomón les dijo a sus lectores que a Su amado da Dios el sueño, él hablaba sobre la seguridad que ellos tendrían en Él. La conclusión que Salomón hace aquí es que aquellos que conocen la obra, la protección y el amor de Dios, pueden descansar en paz experimentando Su maravilloso cuidado.

En el Antiguo Testamento, Dios le mandó a Su pueblo que descansara de su labor en el Sabbat. Dios también mandó que cada siete años los campos descansaran de la siembra. Durante todo ese año Israel tenía que dejar que Dios proveyera para todas sus necesidades. En parte, esto estaba diseñado para recordarle al pueblo que Dios era su cuidador.

En Canadá, donde vivo, tenemos muchos privilegios. Mis hijos tienen la educación garantizada. Si yo me enfermo, tengo un sistema médico gratuito para atender mis necesidades. Si pierdo mi empleo, el gobierno me paga para vivir por medio de un plan de seguro de empleo. Es muy fácil para las personas que viven en este tipo de entorno alejar sus ojos de Dios, y en su lugar, confiar en su gobierno. Imaginemos cómo sería si cada siete años el gobierno cesara de proveer alguna asistencia, y exigiera que durante todo un año se dependiera de Dios exclusivamente. Esto es lo que estaba sucediendo en estas leyes sabáticas. Dios demandaba que Su pueblo dejara de depender de su labor y de sus campos, y lo miraran directamente a Él como su proveedor.

¡Cuán fácil es decir que creemos lo que Salomón dice acerca de que Dios edifica la casa y guarda la ciudad! Sin embargo, ¿qué sucede cuando no hay dinero para pagar nuestras deudas y cuando no hay alimentos en la mesa? ¿Qué sucede cuando ya no podemos trabajar y dependemos de nuestros propios recursos y habilidades? ¿Acaso podemos dormir apaciblemente cuando ya no nos queda ninguna seguridad terrenal?

Hace muchos años, yo iba de camino a tomar un café con mi esposa. Iba manejando a la cafetería cuando por algún motivo me desmayé. Me salí de la carretera y terminé volcado a unos pocos metros de un estanque. Si me hubiera salido de la carretera unos segundos más tarde, muy bien hubiera terminado volcado en el estanque, inconsciente. Los doctores investigaron el incidente, pero nunca pudieron determinar por qué me desmayé de esa manera. Sin embargo, por ley, el doctor de mi familia tenía que suspenderme la licencia de conducción por un año, hasta que él pudiera estar seguro de que ese evento no volvería a repetirse.

En ese tiempo yo estaba muy ocupado con diversos ministerios. Ya que había perdido mi licencia de conducción y no había transporte público hacia las regiones donde ministraba, perdí alrededor del 75 % de mi ministerio. Yo siempre daba por sentado mi salud. Había estado fuerte y saludable hasta ese momento. Sin embargo, ese incidente cambió mi perspectiva de la vida. Yo recuerdo que me paré en la parte superior de la escalera en mi casa y pensé, ¿qué sucedería si yo comenzaba a bajar estas escaleras y me desmayaba? Las cosas simples que yo daba por sentado, ahora las cuestionaba. Comencé a darme cuenta de que yo no tenía el control de la situación; necesitaba la protección de Señor sobre mi vida. Dependía de Él para respirar. Iba a tener un año completo para reflexionar en esto antes de regresar al ministerio a tiempo completo. Esta fue la manera en que Dios me recordó que necesitaba confiar en Él, aún para las cosas más básicas de la vida. Esta fue Su manera de despojarme de mi confianza en la carne para ponerla en Él.

Es fácil para nosotros poner nuestra confianza en la carne. Hay quienes duermen apaciblemente porque tienen una gran cuenta bancaria y plena salud. Ellos no se preocupan por la vida porque tienen todo bajo control. Sin embargo, este no es el tipo de descanso del que Salomón habla en este texto. Él se refiere al descanso que proviene de saber que Dios está edificando la casa y guardando la ciudad.

En la frase "Pues que a su amado dará Dios el sueño" vemos claramente que el sueño que recibe el amado viene de parte de Dios, y es el resultado de experimentar Su cuidado. No es justamente el sueño que viene cuando sabemos que tenemos dinero en el banco, sino el que viene, incluso, cuando no es así. Es un sueño que viene cuando todo a nuestro alrededor está en disturbio y caos. Este sueño es el sueño de los que saben que son amados de Dios y que Él cuida de ellos.

Para Meditar:

¿Qué significa ser el amado de Dios? ¿Cómo Dios demuestra Su amor hacia nosotros?

¿Cómo el hecho de experimentar el control de Dios nos permite descansar?

¿Acaso descansar significa que no tendremos problemas en esta vida? ¿Cómo podemos descansar cuando los problemas parecen rodearnos? Analicemos el ejemplo de Eliseo en 2 Reyes 6.

¿Por qué es importante para nosotros descansar? ¿Por qué ordenó Dios el descanso sabático?

¿Por qué Él exigía que la tierra permaneciera sin sembrar cada siete años?

Tomemos un momento para analizar nuestras vidas. ¿Hay en ellas evidencia de que vivimos convencidos de que Dios tiene el control?

Para Orar:

Agradezcamos al Señor porque Él nos demuestra Su amor.

Pidamos a Dios que nos perdone por las veces en que no logramos ver que Él cuidaba de nosotros y nos guardaba.

Pidamos al Señor nos ayude a ser más consciente de Su cuidado y provisión. Pidámosle que nos ayude a descansar en Su propósito y a confiar en lo que Él está haciendo. Roguémosle que nos dé fe para entender que Él está dispuesto a completar la obra que comenzó en nosotros y a través de nosotros.

Dediquemos un momento a buscar el perdón del Señor por las veces en que hemos puesto nuestra confianza en otras cosas y no en Él. Pidamos a Dios que nos muestre que todo lo que tenemos proviene de Él, y nos puede ser quitado.

Pidamos a Dios que nos dé un alma apacible, confiada en lo que Él está haciendo y descansando en Su propósito.

Distribuidora de libros "Light To My Path"

La distribuidora de libros "Light To My Path" (LTMP, por sus siglas en inglés) es un ministerio que se encarga de escribir y distribuir libros y hacerlos llegar a obreros cristianos de bajos recursos en Asia, América Latina, y África. Existen muchos obreros cristianos que viven en países en vías de desarrollo y no poseen los recursos necesarios para obtener formación bíblica o adquirir materiales para estudios bíblicos para sus ministerios y su crecimiento personal. F. Wayne Mac Leod es miembro de los ministerios de Acción Internacional y ha estado escribiendo estos libros con miras a distribuirlos gratuitamente o a precio de costo entre pastores necesitados y obreros cristianos de todo el mundo.

Hoy en día miles de estos libros se están utilizando para predicar, enseñar, evangelizar y alentar a creyentes locales en más de sesenta países. Estos libros ya han sido traducidos a varios idiomas, y la meta es que estén disponibles a tantos lectores como sea posible.

El ministerio LTMP es un ministerio basado en la fe, por eso confiamos en el Señor para la provisión de los recursos necesarios y así distribuir literatura que sirvan de aliento y fortalecimiento a creyentes del mundo entero. Te invitamos a orar para que el Señor abra las puertas necesarias y estos libros sean traducidos y luego distribuidos.

Si desea más información sobre "Light To My Path", por favor, visite nuestro sitio de Internet en www:lighttomypath.ca